세상을 살아가는 중국인의
80가지 지혜

세상을 살아가는 중국인의
80가지 지혜

모리야 히로시 저 ㅣ 조범래 역

이 책을 내면서

얼마 전까지만 해도 중국은 우리들에게 가깝고도 먼 나라였다. 우리들이란 어떤 형식으로든 중국을 연구 대상으로 하고 있거나 중국의 동향에 강한 관심을 가지고 있는 사람이라는 뜻이 있으나 그런 사람에게도 중국은 폐쇄된 나라였다. 오늘날의 상태에서 본다면 격세지감이 아닐 수 없다.

중국은 지금 근대화를 향한 스타트를 끊은 시점에 있으나 여러 가지 어려움과 문제점을 안고 있다. 경제적인 수준도 아직 낮다. 그러나 어쨌든 헤비급이라는 점은 사실이다. 펀치력만 갖추게 되면 미국이나 선진국들과 어깨를 나란히 할 날도 멀지 않으리라.

그러한 나라가 우리의 바로 이웃에 있기 때문에 우리는 앞으로도 이들과 밀접한 관계 속에서 살아 나가야만 할 것이다. 원활한 관계를 계속 유지하기 위해서는 먼저 상대방을 올바르게 이해할 필요가 있다.

중국을 이해하는 데는 몇 가지 방법이 있지만 가장 손쉬운 방법은 스스로 가서 보는 것이다. 단지 직접 가서 본다고 해서 그것만으로 이해를 할 수 있다고는 단정하지 못하겠으나, 가 보지 않은 것보다는 훨씬 나으리라 생각된다.

이 책을 집필한 것은 이미 수 년 전이었으나 되돌아보면 이러한 책을 써보고 싶다고 생각한 동기에는 두 가지가 있었다고 본다.

하나는 처음으로 중국을 방문했을 때 받은 감동이다. 감동이라 하나 별로 예비 지식을 갖지 못한 일반 사람들의 그것과는 근본적으로 다를지도 모른다. 우리들의 경우는 활자에서 얻어진 새롭고 묵은 가지각색의 정보에 의해 이미 자기 나름대로의 중국성을 가지고 있다. 여행이란 것은, 말하자면 그것을 자신의 눈으로 직접 검증하는 기회에 지나지 않는다.

결론부터 말하자면 우리는 이때의 여행에서 자신의 인식에 약간의 경미한 조정이 필요하다고 느꼈으나 줄거리를 변경할 필요는 느끼지 않았다. 그렇다고 해서 아무런 감동도 받지 않았는가 하면 결코 그런 것은 아니었다. 그때 감동을 받은 내용을 굳이 표현하자면 '아아, 이것이 중국인이었구나!'라는 것이었다. 그리고 그것은 또 한 가지 막연히 내가 생각하고 있던 나의 중국상을 내 나름대로 이해하면서 구체화해 가는 계기가 되기도 했다.

이 책을 집필한 동기 중의 하나가 그때의 감동이었다. 그 후 몇 차례 중국을 방문하였으나 이러한 감동을 다시 느낀 적은 없었다.

또 다른 하나의 동기는 다름 아닌 우리들과 중국인의 사고 방식과 생활 방식의 차이이다. 양자는 겉보기에는 다를 것이 거의 없다. 그래서 처세관이나 인생관까지 같을 것이라고 생각하기 쉽겠으나 이는 잘못된 생각이다. 오히려 같은 면보다 다른 면이 많다고 생각하는 것이 옳을 것이다.

예를 들면, 일본인은 집단을 이루면 강하지만 개인이 되면 약한 면을 가지고 있다. 그러나 중국인은 그와 반대이다. 조직으로서 움직이는 것을 몹시 싫어한다. 그러나 개인적인 면에서는 무척 끈기가 있어 어떤 역경에도 굴하지 않고 끈질기게 살아 가려고 하는 것이 중국인이다.

중국 3000년의 역사는 거의가 난세였다. 난세니 어쩌니 하며 쉽게 말하지만 그런 시대를 살아 가기란 쉬운 일이 아니다. 중국인은 오랜 난세에서 살아남음으로써 조직의 나약함을 실감했으며 의지가 되는 것은 오직 자기 자신 이외는 없다는 것을 통감하게 되었던 것이다. 그러한 가운데서 그들은 스스로의 체질 속에 끈질기게 난세를 살아 나가는 끈기와 같은 것을 축적해 왔으리라 생각된다.

그것은 도대체 무엇일까? 그것을 써 보았으면 하는 것이 이 책을 집필한 또 하나의 동기이기도 했다.

이상과 같은 두 가지 이유가 교차하여 이루어진 것이 이 책이다. 그러므로 이 책을 통해 중국에 대한 이해를 해 주길 바람과 동시에 중국인이 체질적으로 가지고 있는 지혜를 취택해 주시면 좋겠다고 생각한다.

머리말

　요즈음 '중국의 일은 잘 모른다.' 라는 말을 듣는다. 그리고 그 중에는 '중국이란 도대체 어떤 나라인가?' 라는 답변하기 어려운 질문을 하는 사람도 있다. 확실히 최근의 중국의 동향을 보고 있노라면 지금까지 알려진 '혁명 중국' 의 이미지에는 적합하지 않은 면이 적지 않다. 그래서 혼동이 생기는 것도 당연하다.

　그러면 어째서 이렇게 되었을까. 하나는 중국의 진폭이 너무나 컸기 때문이다. 그러나 그것만은 아니다. 또 한 가지, 우리들이 이해하는 방식에도 중대한 문제가 있다고 말할 수 있다.

　중국은 해방 후 30 년 동안 커다란 변혁을 이루어 왔다. 이는 확실히 맞는 말이다. 그러나 변하지 않은 부분도 적지 않다. 특히 민중 생활에 근원을 둔 발상법(發想法)이나 행동 양식 등은 별로 변하지 않고 있다.

　가령 변한 면을 '혁명 중국', 변하지 않은 면을 '전통 중국' 이라 부른다면 우리들의 중국 인식은 '혁명 중국' 만을 보았을 뿐, '전통 중국' 을 무시해 온 잘못이 있었던 것이 아닐까 한다.

　그것이 이제 와서 '전통 중국' 의 면도 마침내 조금은 보이기 시작했다고 하겠다.

　무어라 해도 중국은 일의대수(一衣帶水)의 이웃 나라이다. 싫건 좋건 금후에 밀접한 관계 속에서 살아야 할 나라이다. 그러므로 단면적이 아닌 보다 전면적인 이해가 바람직하다. 이 책에는 중국에 아직도 살아 있는 많은 속어(俗語)나 속담의 유례를 통해 그 발상법과 행동 양식을 알아 보았다.

속어나 속담이라는 것은 민중 생활 속에서 생겨나 어버이에서 자식에게, 자식에서 손자로 구전되어 온 말로서 그런 뜻에서 보면 '전통 중국'의 본바탕을 말하고 있다고 하겠다. 반대로 말하자면 정치나 경제가 어떻든 간에 그다지 변혁이 없는 중국인의 발상법과 행동 양식을 알려고 한다면 속어나 속담이 유력한 실마리가 될 것이다.

중국의 속어나 속담에는 당연히 우리의 것과 동질적인 것도 있고 이질적인 것도 있으나 숫자상으로 보면 이질적인 것이 훨씬 많다. 그것들 중에는 앞으로 우리들이 살아 나가는 방법을 생각하는 데 있어서 참고로 하고 싶은 것이 많이 있다.

이 책으로 조금이나마 중국에 대한 이해의 폭이 넓어지고 동시에 오늘날을 살아가는 지혜에 보탬이 되었으면 고맙겠다.

세 상 을   살 아 가 는   중 국 인 의   8 0 가 지   지 혜

제2장 인생의 수라장을 살아가는 지혜

제3장 인간 관계를 원활하게 하는 지혜

제4장 하루하루를 무사히 넘기는 지혜

제5장 역경을 헤치고 살아가는 지혜

제1장

인생을 푸근하게
살아가는 지혜

느릿느릿 가도 상관없으나
발걸음을 멈추지 말라

不柏慢只柏站〈성어〉

중국인의 본질은

중국은 국토도 넓은 반면 인구도 많아 대도시의 과밀상은 대단하다. 북경, 상해의 번화가나 상점가는 사람과 자전거, 버스와 트럭이 뒤섞여 어느 나라의 혼잡한 대도시의 번화가와 다를 바 없다. 그러나 단 하나 다른 점이 있다. 일본인처럼 등을 구부리고 빠른 걸음으로 걷는 사람을 거의 볼 수 없다는 것이다. 보기에도 여유 작작한 태도로 유유히 걷고 있다. 인도와 차도의 구별이 있기는 하나 인파는 왕왕 차도까지 나온다. 트럭이나 버스가 계속 경적을 울려대면서 그 인파 속을 헤집고 지나간다. 바로 등 뒤에서 시끄럽게 경적을 울리면 일본인이라면 종종걸음이라도 칠 법한데 중국인은 조금도 당황하는 기색이라고는 없다.

중국인의 이러한 느릿느릿주의는 거리에서만이 아니다. 광주(廣州:廣東省) 오지에 있는 발전소를 참관하려고 갔을 때의 일이다. 책임자의 설명을 들은 다음, 광장으로 나가 보았더니 한쪽 구석에서 십여 명의 노동자가 돌을 부벼 벽돌을 갈고 있었다. 누가 보아도 부지런히 갈고 있다고는 볼 수 없을 만큼 느릿느릿 한가롭게 일을 하고 있었다. '저렇게 하다간 하루에 단 몇 장도 갈지 못하겠다.'고 생각하고 있는데 함께 간 사람도 역시 같은 생각이었는지 '저런 것은 연마기를 쓰면 2, 3 분이면 될 텐데.' 하며 중얼거렸다.

이러한 한가로운 분위기는 공장으로 안내되어 가도 마찬가지였다. 요컨대 이것이 중국인인 것이다. 일본인을 단거리형이라고 한다면 그들은 장거리형이라고나 할까. 각자 장점과 단점이 있어서 한결같이 우열을 정할 수도 없거니와 또한 단거리형을 장거리형으로, 장거리형을 단거리형으로 개조하는 것도 쉽지는 않다. 일본인에게 '좀 천천히 갑시다.' 하고 호소를 해 보았자 금방 다시 뛰기 시작하듯이, 중국인에게 '가끔 뛰기도 합시다.' 하고 말한다 해도 아마 오래 계속되지는 못할 것이다.

중국인 자신이 그들의 느릿느릿주의를 '천천히 해도 상관없다.'고 자인하고 있으나 '멈추어서는 안 된다.'고 브레이크를 거는 것을 또한 잊지 않는다. 이렇게 되면 느릿느릿주의의 위력은 배로 증가한다. 일본인을 토끼라고 한다면 중국인은 거북이라고나 할까. 스피드는 없으나 착실하게 전진할 수는 있다.

장거리형의 강점 – 우공(愚公)의 정신에서 배우다

중국은 지금 '4 가지의 근대화'로 급히 선진국을 따라잡으려고 시도하고 있다. 아마도 속도는 빠르지 않을 것이다. 5년이고 10년이고 계속하면 그 거리 차는 어느 정도 단축이 될 것이다. 그러나 50년 후, 100년 후가 되면 예측이 불가능이다. 어쩌면 일본도 추월당할 공산이 크다. 이런 점이 바로 장거리형의 강점인 것이다.

이와 같은 중국인의 장점을 충분히 나타내고 있는 예가 '우공, 산을 옮기다.'라는 유명한 일화이다.

옛날에 우공(愚公 : 미련한 자)이라는 90 노인이 아들, 손자와 함께 집 앞에 있는 산을 허물기 시작했다. 흙을 버리기 위해 바다까지 가는 데만도 3년이 걸리는 아득한 공사였다. 이것을 보고 지수(智叟 : 영리한 자)라는 사람이,

"어처구니없는 바보짓을 시작했군."

하고 비웃자 우공은 이렇게 대답했다고 한다.

"자네야말로 정말 답답한 사람이구먼. 가령 내가 죽는다 해도 내 자식이 있고, 그 자식이 죽으면 손자가 있고, 그 손자가 죽으면 또 그 자식이 있네. 그 자식은 또 자식을 낳을 것이고 이렇게 자자손손 이어받아 계속한다면 산이 지금보다 더 높아지지는 않을 것 아닌가. 그런데도 산을 허물어 평지를 만들지 못한다는 말인가."

지난날 모택동이 이 '우공 정신'을 찬양하여 '현대의 우공이 되라.' 하고 외친 적이 있다. 느릿느릿주의로 계속성을 중시하는

우공을 중국인의 전형이라 한다면 눈앞의 이익만 아는 지수라는 약은 자는 어쩐지 일본인의 전형처럼 느껴진다.

조급하고 과열하기 쉬운 일본인에게 '우공 정신'을 배우라고 아무리 떠들어 보았자 소용없는 일일 것이라는 생각이 든다. 그러나 바로 이웃에는 이러한 진실하기 그지없는 느릿느릿주의가 몸에 밴 9억이라는 국민이 있다는 것쯤은 단단히 알아 두는 편이 좋을 것이다.

02

관직에 오래 있으면 자연히 재산을 만들 수 있다

官久自富〈속담〉

근대화 중국의 고민의 씨—관료주의

느릿느릿주의의 결점은 비능률과 연결된다는 점이다. 중국의 경우, 그것이 민족 자체의 성격이라고는 하나, 조직이나 기관의 관료주의에 의해 한층 더 거세지는 점에 문제가 있다.

옛날의 중국은 '관료 천국'으로 '과거'라는 시험에 합격하여 고급 관료가 되는 것이 어느 누구나의 꿈이었다. 고급 관료가 되면 지위와 명예는 물론이거니와 '청렴 결백한 지사일지라도 3년만 근무하면 10만 냥이 모인다.'고 하는 말도 있듯이 재산까지 자연히 손에 넣을 수 있었다. 중국의 관료주의는 오랜 전통을 가지고 있다.

오늘날은 어떤가 하면 물론 '관구 자부(官久自富)'라는 따위는 일단 있을 수 없다. 오히려 일본 쪽이 그런 경향은 강한 편이다. 그러나 관료주의의 타파를 하나의 목표로 내걸었으나 거의 성공하지 못했다. 전통의 힘은 무섭다. 중국의 관료주의는 그만큼 단단하게 사람들의 의식 속에 뿌리를 내리고 있는 것이다.

최근 홍콩의 어느 잡지에 이러한 투서가 실려 있었다. 홍콩으로부터 북경을 방문하여 왕(王)이라는 친구를 만나려고 근무처인 모 기관에 전화를 걸었다.

"왕씨 계십니까?"

"지금 회의중입니다. 오후에 다시 걸어 주세요."

느릿느릿한 목소리가 전화통에서 들려왔다. 그래서 오후에 다시 전화를 했다. 그러자 이번에는,

"지금 회의중입니다. 내일 다시 전화해 보세요."

하고 약간 통명스러운 말투로 대답했다. 그런데 다음날 전화를 했더니 역시 똑같은 대답이었다. 옥신각신한 끝에 간신히 친구를 만날 수 있었다. 친구는 만나자마자,

"회의가 자주 있어서…."

하고 불평을 했다고 한다. 회의가 많은 것은 오늘날의 중국의 일반적인 현상인 듯하다. 〈중국청년보(中國靑年報)〉에도 1년간의 회의 시간을 집계했더니 3개월이나 되었다는 어느 청년의 예가 보고되어 있었다.

느릿느릿주의도 때에 따라서

또 수년 전의 〈인민일보〉에는 '공문서 여행 41일' 이라는 기사가 제 2면 톱에 4단통 제목으로 실려 있었다. 내용은 길림성의

기계 전기 공사에서 근무하는 노(盧)라는 사람의 투서를 소개한 것이다. 그 기사에 의하면 그 기계 전기 공사의 상사로부터 그의 앞으로 긴급 문서가 와서 뜯어 보았더니 중앙 정부에서 보낸 것이었는데 발송일이 6월 10일로 되어 있었다. 내용은 각 성(省), 시 소관의 공장에서는 내년도에 수리를 요하는 증기 기관차 등에 관한 보고를 7월 중으로 제출하라는 것이었다. 그런데 노씨가 그 공문서를 수령한 날은 보고 마감 기한인 7월 31일. 전혀 불가능한 일이었다. 북경에서 길림성까지 열차로 1, 2일이면 되는 것이 무려 '41 일'이나 걸려야 했던 공문서의 긴 여행의 경위를 조사해 보았더니, 길림성 당위원회 판공실의 비서처가 받은 것이 발송 후 11 일이나 지난 6월 21일. 그리고 길림성 물자국에 도착한 것이 7월 13일. 같은 시내의 성정부 부내에서만 3주일이 걸렸다. 다시 물자국 내에서 부국장, 비서처, 종합처, 금속공사 등을 느릿느릿 '주유' 하여 41 일째에서야 간신히 목적지에 도착하였는데, 그 동안에 3개 단위, 5 개 부문에 경유하여 11 인의 책임자 도장이 찍혀 있었다. 노씨의 투서는 이러한 관료주의와 '도장 행정' 을 엄하게 비판한 것이었다.

이러한 '투서' 가 당 기관지에 크게 다루어졌다는 것은 이 사건이 결코 고립된 현상이 아니고 이러한 관청 풍조가 일상적으로 빈번하게 각 기관과 조직에 만연해 있었다는 사실을 뜻한다. 이기사 끝에는 편집자의 코멘트가 다음과 같이 덧붙여 있었다.

"4 가지의 근대화를 실현하는 일은 일대 혁명이다. 생산력을 발전시키기 위해서 그에 대응하는 상부 구조의 개혁이 있어야만 한다. 동 부문의 동지들 특히 지도 간부들은 이 문제의 중대성을 인식하여 사상, 작풍의 일대 변혁을 해야만 한다.”

지당한 제의이지만 이러한 사상, 작풍의 변혁은 용이한 것이 아니다. 아마도 거의 불가능하리라. 좋건 나쁘건 그것이 중국인 이다. ‘관구 자부’의 상태에까지 되돌아갈지 어떨지는 모르겠으 나(이것은 도저히 낙관할 수 없다.) 관료주의라는 그것을 중국에 서 아주 없애기는 불가능에 가깝다.

중국인이 가지고 있는 ‘느릿느릿주의’는 적어도 장점으로써 조급하게 서두르는 일본인에게는 때에 알맞은 중화제로 삼을 수 있다. 그러나 관료주의에 의해 조장된 ‘느릿느릿주의’는 ‘4가지 의 근대화’를 재촉하는 중국에게는 반대로 무거운 족쇄가 될 것 이다.

족한 것을 알면
욕되게 하지 않는다

知足不辱〈노자〉

중국인의 가치관은 이원적

일본인 쪽에서 보면 중국인은 어딘지 모르게 태평스러운 얼굴인 듯 보인다. 농촌에서는 물론이거니와 대도시에서도 그들은 각자의 인생에 '자족(自足)' 하고 있는 것처럼 보인다. 그러나 이것이 중국인의 전부라고 속단해서는 안 된다. 중국인에게는 또 하나의 얼굴 – 즉 엄한 경쟁 사회를 살아가고 있는 얼굴이 있다.

옛날부터 중국에서는 고급 관리가 되는 것이 출세의 지름길이었다. 관리가 되면 지위도 얻고 돈도 얻는다. 그러나 관리가 되기 위해서는 '과거' 라는 어려운 시험을 치러야만 했다.

'과거' 는 범죄자 등 약간의 예외가 있긴 했으나 거의 모든 사람에게 개방되어 있었다. 그런 만큼 경쟁률도 높아 합격하기 위해서는 지금으로 말해서 유치원 무렵부터 시험 공부를 시작해야만 했다. '과거' 를 옛날의 일로만 생각할 수도 있겠으나 반드시 그렇지는 않다. 최근 중국에서는 상황이 바뀌어 시험 제도가 부활하여 시험 지옥의 현상이 재현되고 있다고 한다.

조금이라도 좋은 학교에 보내고 싶어하는 어버이의 마음은 우리와 공통되나, 오랜 '과거'의 전통성을 지닌 중국인 쪽이 심층 심리(深層心理)로서는 보다 강렬하다고 하겠다. 중국인의 또 하나의 얼굴이 여기에 있는 것이다.

그러나 같은 경쟁 원리에 살면서도 중국인과 일본인의 가치관에는 현저한 차이가 있는 것으로 생각된다. 일본인은 일원적인데 비해 중국인은 이원적이다.

그것이 무슨 뜻이냐 하면 예를 들어 일본인은 학교 공부에서 뒤떨어지는 아이를 '낙오자'처럼 업신여기는 풍조가 있다. 하지만 중국에서는 시험 경쟁에 이기는 일에만 가치를 인정하지는 않는다.

또 일본인은 사업에 실패하여 지금까지 쌓아올린 지위를 잃었을 때에는 패잔병처럼 비관하여 '이제는 모든 것이 끝났다.'고 생각하는 사람이 많다. 그 중에는 무턱대고 만회를 시도하는 사람도 없는 것은 아니나 하나의 일에만 가치를 인정한다는 점은 마찬가지이다.

공명심만으로는 살아갈 수 없다

그 점에 있어서 중국인이란 자신의 인생에 유유히 자족하는 얼굴과 경기장 안에서 맞서는 얼굴, 이 두 가지의 얼굴을 가지고 있다. 그래서 경기장 안에서 패하여 물러나는 일이 있다 해도 또 하나의 정신 생활을 개척할 수가 있다. 그것을 말로써 표현한다면 '공명을 죽백(竹帛- 역사책)에 남긴다.〈후한서*〉'라는 것은 경기장 안의 얼굴이며 '공명을 누가 또 논하겠는가.〈당시선〉'라는 것은 또 하나의 '자족(自足)'하는 얼굴이다. 〈노자(老子)*〉의 '족(足)함을 알면 욕(辱)되게 하지 못한다.'라는 말은 후자를 보강하는 관계에 있다.

중국인을 이해하려고 하는 경우, 권력 투쟁의 측면만을 포착하려는 것도 잘못이지만 태평스러운 얼굴만을 포착하려는 것도 잘못이다. 그 양면을 모두 가진 것이 중국인이라고 이해하면 된다.

어쨌든 가치관이 일원적인 사회는 답답하고 사람들의 마음에도 여유가 없다. 일본인이 실재 이상으로 조급하게 보이는 것은 이런 데에도 원인이 있으리라고 본다.

후한서(後漢書) : 중국 후한의 역사서이다. 중국 남조(南朝) 송(宋)나라의 범 엽(范曄)이 지었다. 기전체(紀傳體) 형식으로 본기(本紀) 10 권, 열전(列傳) 80 권, 지(志) 30 권으로 되어 있다. 다만 지는 진나라의 사마 표(司馬彪)가 지은 것이다.

노자(老子) : 중국 춘추 시대의 사상가로서 도가(道家)의 시조이다. 성은 이(李), 이름은 이(耳)이고, 자는 담(聃) 또는 백양(伯陽)으로 초나라 사람이다. 그는 유교에서 말하는 예제(禮制)나 실천 도덕 등은 쓸데없는 것으로서, 세상이 어지러워지는 것은 사람들이 지식을 지나치게 구하기 때문이라고 하여, 자아(自我)를 버리고 무위 자연의 도(道)에 따르면 사회는 평화롭게 되며 사람들은 행복하게 된다고 설하여, 자급 자족하는 작은 나라를 이상으로 하였다. 또 태고의 황제(黃帝) 시대를 이상으로 하기 때문에 '황로의 도(黃老의 道)'라고 이르며, 도(道)를 설하므로 노장 사상(老莊思想)이라 일컬어진다. 후세의 도교는 노자의 학설을 계승 발전시킨 것이라고 하나 도교의 교리와 노자의 사상은 거의 관계가 없는 것이다.

04

희로애락을
얼굴에 나타내지 말 것

喜怒哀樂不形於色〈성어〉

포커 페이스에 철저하라

　과밀 경쟁 사회를 반영하고 있는 탓인지, 요즈음 일본인 중에는 '가면 인간(假面人間)'이 늘어나고 있다고 한다. 이 말을 듣고 난 다음, 주의를 돌아보니 과연 표정이 굳어 있는 사람이 많은 것은 확실하다.

　중국인은 어떤 의미에서 '가면 인간(假面人間)'의 선배이다. 그들의 표정이 자연스럽고 결코 굳어 있지는 않으나, 그 표정에 숨겨져 있는 마음을 읽는다는 것은 매우 어렵다. 물론 중국인도 인간이기 때문에 몹시 화가 나는 일도 있을 것이며 껑충껑충 뛰고 싶을 정도로 기쁨을 느낄 때도 있을 것이다. 그러나 그들의 표정에서는 그것을 읽을 수가 없다.

　이것은 노인에게서나 젊은이에게서나 공통된 현상이다. 희로애락을 얼굴에 나타내지 않는다. 그래서 상대가 나에게 호의를 가졌는지 적의를 가졌는지 분명히 판별할 수 없는 경우가 많아 몹시 당황하게 된다. 일부러 그런 포즈를 취하고 있는 것은 아니나 자연적인 상태에서도 그러하다.

인구 과잉의 사회일수록 가면도 필요하다

중국인의 '가면성(假面性)'은 이미 수천 년의 긴 역사 속에서 풍토성(風土性)이 되어 형성된 것이라고 말할 수밖에 없다. 확실히 중국은 국토도 넓은 반면 인구도 많아 사람이 살 수 있는 토지는 한정되어 있으므로 도시 생활 역시 과밀하다. 이것은 지금에 와서 시작된 것이 아니고 옛날부터 그러했다.

〈전국책(戰國策)*〉이라는 책에 의하면 2천수백 년 전의 임치(臨淄)라는 도시는 길을 왕래하는 수레와 수레가 서로 부딪쳐 오가는 사람이 흘리는 땀이 비오듯했다고 한다. 또 언영(焉郢)이라는 도시는 인파에 서로가 스쳐서 아침에 입고 나간 의복이 저녁때에는 달아서 해질 정도로 번잡했다고 한다.

더불어 말할 것은, 중국은 전란 시대가 길고 평화 시대는 짧았다. 다른 민족의 침입도 끊임없었고 정관계(政官界) 내부의 권력 투쟁도 몹시 치열했다. 요컨대 중국이라는 곳은 일찍부터 실력주의의 경쟁 원리가 작용해 온 사회라고 하겠다.

전국책(戰國策) : 중국, 전국시대의 유세가(遊說家)인 소진(蘇秦), 장의(張儀) 등의 변설(辨說)과 책략(策略)을 동주(東周), 서주(西周), 진(秦) 등 12개 국으로 나누어서 한데 묶어 놓은 책으로, 한대(漢代)에 유향(劉向)이 편집했으며, 그 후, 흩어져 없어진 것을 송대(宋代)에 집성(集成)했다. 전국 시대를 아는 데에 귀중한 자료가 된다.

이러한 사회에서는 간단하게 속이 들여다보일 어린애 같은 생활 방식을 가졌다가는 언제 어디서 목숨을 잃을지 모르는 일이다. 살아남기 위해서는 자기의 본심을 감추고 가능한 한 상대의 움직임을 알아차려야만 했다. 권력 투쟁에 말려들었을 경우에도 어느 편에 가담할 것인가 하는 태도 결정은 될 수 있는 한 보류하고 형세를 관망하여 승산이 확실한 편을 택할 필요가 있는 것이다.

이러한 엄한 사회 환경이 쉽사리 속을 내보이지 않는 애매모호한 표정을 만들어 냈을 것이다.

같은 '가면 인간'일지라도 일본인의 것을 약간 어색한 어린애의 것이라고 한다면 중국인의 것은 등 뒤에 무서운 권모 술수(權謀術數)를 감추고 있는 어른의 그것이다. 이러한 상대를 적으로 삼았다가는 그렇게 무서운 존재도 없겠지만, 반대로 같은 편이 되면 또 그렇게 든든한 동지도 없을 것이다.

일본인처럼 희로애락을 그대로 겉으로 드러내고 '솔직한 교제'를 유지하면서 살아나갈 수 있다면 더할 나위 없겠지만 일본이라 해도 이미 그런 시대는 끝난 것이 아닐까 한다. 하물며 국제사회에 진출하기 위해서는 거기에 합당한 무장이 필요하다. 아무렇지도 않은 듯한 표정 깊숙한 곳에 강한 권모 술수를 간직한 중국인에게서 배울 점은 바로 이러한 점에도 있을 법하다고 생각한다.

사람은 우두머리가 되지 말고 나무는 축이 되지 말라

人不當頭兒, 木不當軸兒〈속담〉

난세를 살아가는 지혜–중류 지향(中流志向)에 철저하라

"사장이란 굉장히 힘든 일이지요. 당장에 할 일이 너무 많아 큰 일이라는 말은 아니지만 어쨌든 항상 무거운 짐을 잔뜩 지고 있는 상태죠. 이러다 죽어버리는 것은 아닐까 싶을 때도 있어요. 부사장이 제일 좋지요. 그런데 이렇게 어려운 사장 노릇을 10 년이고 20 년이고 계속 맡고 있는 사람이 있으니 놀랄 일이지요."

모 신문을 잠깐 보았더니 어느 대기업의 사장이 이렇게 술회하고 있었다. 이 속담에 꼭 들어맞는 말이다.

아무리 단단한 나무라 할지라도 굴대축(軸)으로 쓰이게 되면 닳아 없어진다. 그와 마찬가지로 인간도 우두머리 즉 톱이 되면 책임만 무거워진다는 뜻이다. 상승 지향(上昇志向)이 강한 일본인으로서 보면 약간은 지기 싫어하는 변명처럼 들리기도 하지만 중국인에게는 상당히 솔직한 부분을 말하고 있다고 본다.

물론 중국인에게도 상승 지향이 없는 것은 아니다. 그러나 그와 동시에 강한 '중유(中遊)' 지향이 존재하며, 양자가 잘 균형을 유지하고 있다. '중유'란 선두도 아니고 꼴찌도 아닌, 말하자면 중류(中流)이다. 굳이 말하자면 일본인의 경우 상승 지향은 단선적(單線的)이지만 중국인의 경우는 또 한 가닥 '중유' 지향이 있어서 복선(複線)의 형태를 가지고 있다고 보겠다.

'중유' 지향은 확실히 노장(老莊) 사상의 흐름에 따른 것이다. 노장에는 '굳이 천하의 앞에 서지 말 것〈노자 67장〉' '스스로 굳이 앞에 서지 말고, 굳이 물러나서 뒤가 되지 말라.〈장자 산목편=山木篇〉'고 나와 있다. 노자는 또 '남의 앞에 서지 않기 때문에 남을 지도할 수가 있다. 물러서는 것도 생각하지 않고 남의 앞에 서는 것만을 생각한다면 파멸이 있을 뿐' 이라고 말하고 있다. 중국인은 3000년 이래, 이러한 생각을 자신의 것으로 익혀 왔다. 확실히 앞에도 나서지 않고 뒤로 처지지도 않는다. 중간쯤에 붙어서 유유히 자신의 속도를 유지하며 달린다. 인생이라는 마라톤을 그러한 마음가짐으로 달린다면 커다란 어려움 없이 완주하게 될 것이라고 생각하는 것이리라. 난세에 대처하는 중국인식의 영지라고 아니할 수 없다.

청년에게 있어 검의 양날은 위험하다

그러나 이러한 삶의 방식에도 마이너스적인 면이 없지는 않다.
요즘은 중국의 대표단이 잇달아 일본을 방문하고 있는데 어느 기계 관계 대표단의 접대를 맡았던 사람의 말을 빌리면 '단장, 부단장 등 60세 전후의 사람들은 무척 열심이지만 30세 전후의 단원들은 도중에 하품을 하기도 하고 알았는지 알지 못했는지 그것조차 모르는 상태'였다고 한다.

지금 중국의 상태는 아무래도 그런 경향이 한편에 있는 것은 확실한 듯하다. 노년층과 소년층은 하고자 하는 의욕이 충만하나, 30대, 40대의 중간 연령층에는 적극성이 모자라고 피리를 불어도 춤을 추지 않는 현상이 농후하다고 한다.

그들의 기분도 모르는 바는 아니다. 오른쪽이다, 왼쪽이다, 문혁이다, 지금까지 매우 시달려 왔다. 그런데 '자아, 이번에는 4가지의 근대화다' 하고 말해 보았자 선뜻 움직이고 싶은 마음이 내키지 않을 것은 뻔하다. 그리고 한동안 동태를 살피려고 하는 경우, '중유' 지향이 절호의 숨을 곳이 된다. 중국의 중간 연령층이 소극적인 것은 바로 이 '중유' 지향과 결코 관계가 없지는 않을 것이다.

맨 우두머리에 서는 것을 의식적으로 피하려고 하는 '중유' 지향은 개인의 삶의 방식으로써 볼 때, 확실히 안전하고 또한 탄탄하다고 하겠지만 누구나가 모두 이러한 삶의 방식을 택한다면 사회의 활력을 잃을 우려가 있다. 검의 양날이라고 하면 알맞을지 모르겠다.

06

사람은 유명하게 되지 말고
돼지는 살찌지 말라

人怕出名, 猪怕壯 〈속담〉

정이천(程伊川)이 주창한 '삼불행(三不幸)'의 계훈

왜 돼지는 살이 찌면 안 되나. 살이 찌면 바로 도살되어 사람의
입으로 들어가게 되기 때문이다. 〈한비자(韓非子)*〉에 이런 우화
가 있다.

한 마리 돼지에 붙어 있는 세 마리의 이가 서로 말다툼을 하고
있었다.

"무슨 일로 서로 다투고 있나?"

지나가던 다른 이가 물었다.

"좋은 자리를 서로 차지하려고."

라고 세 마리 이가 대답했다.

한비자(韓非子) : 중국 춘추 시대 말엽의 경세가(經世家)이다. 한나라 사람으로, 유가(儒家)의 무
기력한 교육을 배척하고 순자의 성악설, 노장(老莊)의 무위 자연설(無爲自然說)을 받아들여 법치주
의를 주장한 법가의 학설을 대성하였다. 저서로 전 20 권으로 된 한비자가 있다.(?~223 B.C)

34**+ 세상을 살아가는 중국인의 80가지 지혜

"내 말 잘 들어라, 너희들. 납제(臘祭–12월의 제사)날이면 인간들이 이 돼지를 불에 구워 통돼지구이를 할 것이다. 집안 싸움할 때가 아니다."

그래서 세 마리는 있는 힘을 다하여 돼지의 피를 빨았다. 그렇게 하여 돼지는 여위어져 납제일에 죽음을 면했다는 이야기이다.

그러면 인간의 경우는 어떤가. 유명해지는 만큼 화가 닥친다는 것이 중국인의 인식이다. 이런 것이 중국인 특유의 균형 감각이라고 하겠으나 어째서 이렇게까지 유명해지는 것을 경계할 필요가 있을까.

송나라 때의 정이천(程伊川)이라는 학자가 '삼불행'이라는 설을 제창했다.

"어린 나이에 높은 벼슬에 오르는 것이 1의 불행, 부형의 세도에 힘입어 미관(美官)이 되는 것이 2의 불행, 재주가 뛰어나서 문장에 능한 것이 3의 불행이다."〈이천문집〉

잘 새겨 두기 바란다. 사람들이 자기를 추켜올려 주는 것은 절대 경계해야 할 상대이다. 근래의 '사인방' 등이 정이천의 설을 실증한 전형적인 예라고 할 것이다.

유명해질수록 적도 많아진다

그러나 유명해지는 것을 두려워하는 중국인의 심리는 일본인의 그것과는 분명히 이질적인 것으로 생각된다. 일본에도 '유명

세' 라는 말이 있기는 하나 그렇다고 해서 유명해지고 싶지 않다고 생각하는 사람은 그리 흔치 않다. 그 뿐 아니라 지금의 일본에는 유명병 환자가 득실득실하다. 그것이 무리도 아닌 것이 유명해지면 권위도 커지고 그 만큼 편하게 살게 되기 때문이다. 그러나 중국인의 경우는 그렇지가 않은 듯하다. 그들은 유명하다는 이점과 동시에 그에 따르는 부작용 즉 불이익을 경계하기 때문이다. 이 심리도 노장 사상의 영향에 의한 것이겠지만 또 한편으로는 한패끼리의 세력 싸움이 얼마나 격렬한가를 반영하는 것이리라.

유원(留園)의 성육도(盛毓度) 씨도 중국인의 결점 중에 하나가 권력 투쟁을 좋아하는 것이라고 했는데, 확실히 그들은 수천 년 이래 맹렬한 권력 투쟁을 전개해 왔다. 따라서 그들은 심복도 의심한다. 이것은 남자나 여자나 다를 것이 없다. 예를 들면 〈전국책(戰國策)〉에 이런 이야기가 나와 있다.

옛날 위왕(魏王)이 초(楚)나라 회왕(懷王)에게 미녀를 선사했다. 회왕은 그 여자에게 빠지게 되었다.

회왕은 이전부터 정수(鄭袖)라는 애첩이 있었다. 정수는 질투심으로 미칠 것 같았으나 겉으로는 조금도 나타내지 않고, 반대로 그 미녀를 동생처럼 귀여워했다. 이렇게 하여 왕에게 질투하고 있지 않다는 것을 보인 다음, 정수는 그 여자에게 말했다.

"폐하는 너를 몹시 귀여워하고 계신다. 하지만 너의 그 코만은 매우 마음에 드시지 않나 보더구나. 그러니 폐하 앞에서는 반드시 코를 누르고 있도록 하여라."

미녀는 그 후로 왕 앞에 나가면 반드시 코를 누르고 있었다. 수

상히 생각한 왕은 정수에게 물었다.

"그 계집이 나만 보면 코를 누르고 있는데 무슨 까닭인지 알고 있는가?"

"네에 하지만……."

주저하는 정수에게 왕은 다그쳐 물었다.

"어려워할 것 없느니라. 어서 아뢰어라."

"여쭙기 황송하오나 그 계집은 폐하의 체취가 매우 싫은 듯 하옵니다."

"무례한 계집이구나."

왕은 진부를 가리지도 않고 미녀의 코를 자르도록 분부했다.

후궁들 사이에서 벌어진 무서운 '여인들의 싸움'의 한 토막이다.

중국인은 이러한 고등 전략을 구사하는 권력 투쟁에 능했다. 따라서 두각을 나타내고 유명해질수록 표적이 되는 위험성도 커지게 마련이다.

일본인의 경우 '유명세'라고는 하나 고작 이득의 얼마만을 내놓으면 그것으로 끝난다. 그러나 중국인의 경우는 본전이고 이자고 몽땅 날려 버릴 우려가 크다. 그래서 '인백출명(人柏出名)'으로 아예 유명이라는 것을 바라지 않는 태도가 강한 것이다.

07

여차할 경우를 위해
평소부터 준비를 게을리하지 말라

養兵千日, 用兵一時〈속담〉

준비가 없는 싸움은 애초부터 하지 말라

'준비가 없는 싸움은 하지 말라.' (해방 전쟁 2년째 전략 방침)고 말한 것은 모택동(毛澤東)이지만 〈손자(孫子)*〉와 〈오자(吳子)*〉를 비롯한 중국의 병서(兵書)는 이 준비라는 것에 대해 거의 언급하고 있지 않다. 굳이 말할 필요가 없을 정도로 자명한 것이기 때문이리라. 전쟁에는 당연히 준비가 필요하지만 준비(사전대책)를 필요로 하는 것이 전쟁에만 해당되는 것은 아니다. 그준비도 '소 잃고 외양간 고친다'는 식이어서는 안 된다는 것이이 속담이 가르치는 골자이다.

손자(孫子) : 중국 손무가 지은 병서(兵書)이다. 전쟁의 병술만이 아니라, 제후의 내치(內治), 외교, 승패의 비기(秘機), 인사(人事)의 성패 등에 관하여 비범한 견해를 나타내고 있는 것으로서 오자와 아울러 일컬어진다. 1권 13편으로 구성되어 있다.

오자(吳子) : 중국 전국 시대에 오기(誤起)가 지은 병법서로 도국(圖國), 요적(料敵), 치병(治兵), 논장(論將), 응변(應變), 여사(濾士)의 6편으로 구성되어 있다.

‘소 잃고 외양간 고친다’는 식의 준비를 중국 속담에서는 ‘목마르자 우물 판다.(임갈굴정=臨渴掘井)’ 또는 ‘난리를 만나고야 병(兵)을 만든다(임난주병=臨難鑄兵)’라고 비유하고 있다. 여기서 말하는 병(兵)은 ‘무기’를 뜻한다.

‘임갈굴정’이란 말은 그대로 현대어로서 통용되고 있는데, 출전(出典)은 〈소문(素問)〉이라는 옛 의학서이다.

“병을 얻은 후에야 약을 쓰고 난리가 이미 난 후에야 이를 다스리는 것은 목이 말라야 우물을 파고 싸움이 벌어지고서야 송곳을 만드는 것과 같으니 이미 때는 늦지 않은가.”

라는 것이 이와 같은 것이다. 병이 들고서야 의원에게로 달려가기보다 평소에 건강 관리를 잘 하라는 뜻이다.

핀치에 몰렸을 때부터 한다면 이미 늦다

또 ‘난리를 만나고서야 무기를 만든다.’는 이야기는 안자춘추(晏子春秋)라는 책에 소개되어 있다.

옛날 노(魯)나라의 소공(昭公)이라는 왕이 나라를 빼앗기고 제(齊)나라로 망명해 왔다. 제나라의 경공(景公)이,

“그대는 나이도 젊고 즉위한 지 얼마 되지도 않았는데 벌써 나라를 빼앗겼으니 도대체 어찌된 일이오?”

하고 묻자 소공은 이렇게 대답했다.

“나는 지금까지 많은 자들로부터 사랑을 받았으나 그 자들과 친하려고 하지 않았습니다. 또 많은 자들이 간하였으나 나는 궁

정만 했을 뿐 실행에 옮기지 않았습니다. 그 결과 내 주위에는 아첨하는 자만 모이게 되고 육친처럼 나를 걱정해 주는 자가 없었습니다. 나의 입장을 예로 들자면 추초(秋草)와 같은 것으로 겉보기에는 아름답게 만발하고 있었으나 가장 중요한 뿌리가 고립무원(孤立無援) 상태였습니다. 그러던 차에 가을 바람이 휙 하고 불어닥치자 뿌리째 결단이 난 것입니다."

경공은 나중에 재상인 안영(晏嬰)을 불러 소공에 대해 이야기하고

"내가 적극적으로 나서서 소공의 왕위를 찾아 주고자 하는데 경의 생각은 어떤가."

하고 의견을 물었다. 안영은 이렇게 대답했다.

"그건 안 될 말씀입니다. 실패한 다음, 후회하는 것이 우자(愚者)의 상사(常事)입니다. 미리 가는 길을 알아 두면 될 것을 길을 잃고서야 비로소 길을 물으려고 하며, 강을 건너려거든 얕은 여울을 알아 두어야 할 것을 물에 빠진 연후에야 얕은 곳을 물으려고 합니다. 그것은 마치 적의 공격을 받고서야 당황하여 무기를 만들고 목이 마르고서야 우물을 파는 격이라 제아무리 서둘러도 때는 이미 늦습니다."

안영도 평소의 조심성의 중요함을 지적하고 있다.

흔히 일본인은 '뛰면서 생각한다.' 라고 한다. 그 나름대로의 장점도 없지는 않겠으나 여기에 '뛰기 전에 생각하는' 습관을 들이면 금상 첨화가 될 것이다.

'양병천일 용병일시(養兵千日 用兵一時)' 가 필요한 것은 침착형인 중국인보다도 조급형인 일본인에게 더욱 필요한 것이 아닐까 생각한다. '유비무환(有備無患)〈좌전〉' 이라고 하지 않았던가.

08

부리가 아직 노란 애송이는
의지가 되지 않는다

嘴上無毛, 辦事不牢

늙은이라 해서 인생을 사양하지 말라

'50, 60 살은 아직도 청춘'이라고 말해 보아도 일본에서는 먹혀들지 않을 것이다. 정계나 재계 같은 특수 사회에는 지금도 70, 80 세가 되는 노인인데도 현역에 버티고 있으면서 나름대로의 활약을 하는 사람도 있으나, 일반적인 노인이라면 여간해서 그렇게는 안 된다. 얼마 전, 어느 신문에 젊은 여성의 이런 투서가 실려 있었다.

모처럼 할머니를 모시고 외출을 한 날이었다. 차표를 사려고 보니 마침 잔돈이 없어서 하는 수 없이 할머니는 만 원권 지폐를 매표구에 들이밀고 역무원에게 부탁했다.

"어디까지요?"

"네?"

"표를 사겠다는 거 아뇨? 어디까지 가시느냐구요."

"아, 네, 저어… ○ ○ 역까지 2 장 주세요."

오만 불손한 젊은 사내였다. 그러나 할머니는 화를 내시지도 않고 얼굴색이 변해 대들려는 나를 옆으로 밀치시며 차표와 거스름돈을 받고,

"미안해요. 젊은 양반."

하며 몇 번이나 머리를 숙였다.

"하는 수 없지 않니! 늙은이니까."

할머니는 그렇게 중얼거리셨다.

그 광경이 바로 눈에 선히 보이는 듯하다. 투서의 주인공은,

"이래서야 마음 놓고 늙지도 못하겠다."

라고 끝을 맺고 있으나 이 말도 또한 동감이다. 쓰다 버리기 시대의 현대는 인간마저도 쓰다 버리는 것이 아닐까. 쓰다 버리기의 물결은 이제 기업의 중년층에까지도 퍼지고 있다. 노인의 자살률이 늘어나는 것도 어느 뜻에서는 당연하다고 하겠다. 이러한 풍조속에서 적지 않은 노인들이 허리를 굽혀 낮은 자세로 살고 있다. 20 년 후, 30 년 후의 일을 생각하면 남의 일이 아닌 것처럼 생각된다.

이런 점에서 중국은 어떤가 하면 일본과는 달리 전형적인 '노인 천국' 이다. 정치의 우두머리를 80 세가 가까운 노인들이 차지하고 있다는 것만을 뜻하는 것이 아니다. 일반 노인들도 허리를 꼿꼿이 하고 가슴을 펴고 당당하게 살아가고 있다. 예를 들면 여기에 든 속담 이외에도 '나이가 들수록 하는 일이 엄격하다(강시노적랄, 薑是老的辣)' 또는 '늙은이는 큰소리를 치고 애송이는 고분고분해야 한다(노요창광 소요온, 老要猖狂 少要穩)' 라는 말도

있어서 노인 파워가 크다는 것을 짐작할 수 있다. 중국을 방문했기 때문일까, 지금 보고 있는 노인들의 태도나 표정을 그렇게 생각하고 관찰한 탓일까, 어딘지 활기가 넘치고 박력이 가득 차 있다. 일본의 노인들처럼 무기력한 인상은 전혀 없다.

전통적인 경로 정신을 배우라

그 이유로 몇 가지를 생각할 수 있다. 첫째, 중국은 전통적으로 '경로사상(敬老思想)'이 강한 나라이다. 속담에도 '백가지 선(百善)의 첫째는 효, 만 가지 악(萬惡)의 첫째는 음(淫)(百善老當先, 萬惡淫爲首)'이라고 하는 말도 있듯이 '효'가 모든 것을 우선한 나라이며, 그 전통은 지금도 여전히 모든 사람들의 의식 속에서 사라지지 않고 남아 있다. 다음, 퇴직 근로자의 연금 보장이 의외로 후한 것을 들 수 있다. 근속 연수에도 따르지만 퇴직시 임금의 50~80% 정도의 연금이 어김없이 지급되고 있다. 일본의 후생 연금 따위보다 월등히 후하다고 하겠다. 이것은 '노동 보험 조례'라는 법률에 의해 규정되어 있으며 정부 기관의 직원도 이에 준해 다루어지고 있다. 셋째로 일본의 노인은 퇴직하여 직장을 떠나면 삶의 보람을 잃어 소외감을 심하게 느껴 정신적으로 쇠약해지는 경우가 적지 않다. 그러나 이 점에서도 중국의 노인들은 행복하다. 그들은 퇴직 후에도 사회에 대한 봉사 활동이라는 제 2의 인생이 기다리고 있기 때문이다. 상해의 거리나 주택가 등에서 '향양원(向陽院)'이라는 간판이 너무나 많이 눈에 띄어 저것이 무엇이냐고 물었더니, 노인들의 클럽과 같은 것이라고 했다. 노인들은 그러한 곳에 모여 동네 어린이들의 공부를 도와 주기도 하고, 거리 청소도 하고, 말하자면 마을 활동을 활발하게 하고 있는 것이다. 즉 중국에는 노인이 사회 활동 참가를 보장하는 태세가 갖추어져 있어서 그것이 노인들에게 삶의 보람을 주고 있다. 노인들이 과거의 경험을 자랑으로 내세워 지나치게 설치는 것도 문제가 없는 것은 아니겠으나 일본처럼 노인들의 자신 상실(自信喪失)에 빠져 있는 사회도 결코 칭찬할 만한 것은 못 된다.

또한 청·장·노년의 세 시기를 살아가는 요령으로는 공자(孔子)의 다음과 같은 말이 참고가 될 것이다.

> "젊었을(少) 때에는 혈기(血氣)가 아직도 정(定)하여지지 않아 이를 달래는 데는 색(色欲)이 있다. 그것이 장(壯)년에 이르면 혈기는 바로 강(剛)하게 되어, 이를 달래는 데에는 투(鬪爭欲)가 있다. 그것이 노(老)에 이르면 혈기는 이미 쇠(衰)하여, 이를 달래는 데에는 득(物欲)이 있다."〈논어(論語) 계씨편=季氏篇).

09

욕심을 부리지 않으면 남에게 속지 않는다

不貪便宜, 不上當〈속담〉

눈앞의 이익에 현혹되지 말라

한비(韓非)는 그의 저서인 〈한비자(韓非子)〉에서 군주가 몸을 망치고 나라를 잃는 과오 중의 하나로서, '작은 이익에 사로잡히면 큰 이익을 잃는다.' 라는 항목을 들어 다음과 같은 예를 들고 있다.

옛날 진(晉)나라의 헌공(獻公)이라는 왕이 우(虞)나라로부터 길을 빌려 괵(虢)나라*를 치려고 했다. 곧 어전 회의를 열었는데 순식(荀息)이라는 신하가 계략을 진언했다.

"수극(垂棘)의 옥(玉)과 굴(屈)의 명마를 우나라에 선물하여 길을 빌리도록 청합시다. 틀림없이 빌려줄 것입니다."

괵(虢)나라 : 주(周)의 동성(同姓)의 나라 이름으로 1) 문왕의 아우 괵중의 처음 봉해진 땅을 서괵이라 하고, 2) 평왕(平王)의 동천(東遷)에 따라 서괵이 옮긴 땅이 남괵이 되며, 3) 괵중의 자손이 차지한 땅이 북괵이 되며, 4) 문왕의 아우 괵숙이 봉해진 땅이 동괵이 된다.

수극은 옥의, 굴은 명마의 산지로서 천하에 알려져 있었다고 한다. 그러나 헌공은 이 진언에 한가닥 불안을 느꼈다.

"수극의 옥은 선왕으로부터 물려받은 보물이요, 굴의 명마는 나에게는 둘도 없는 준마로다. 저쪽이 선물만 받고 길을 빌려주지 않는다면 어떻게 할 것인가?"

"길을 빌려 줄 생각이 없다면 애초에 선물을 받지 않을 것입니다. 만일 선물을 받고 길을 빌려 주기만 한다면 그것은 우리의 것입니다. 보석은 내창(內倉)에서 외창(外倉)으로 옮겨 쌓은 것이나 마찬가지며, 말은 안 외양간에서 바깥 외양간으로 옮겨 맨 것이나 다름없는 것이니 걱정을 마십시오."

"과연, 그럴 듯하구나."

헌공은 순식을 사신으로 삼아 옥과 말을 우공에게 보내어 길을 빌려 주기를 청했다. 우공은 그 옥과 말이 탐이 나서 그 청을 받아들이려고 했다. 우나라에도 멍청한 신하만 있는 것은 아니어서 궁지기(宮之奇)라는 중신이 우공에게 간했다.

"그 청을 받아들이시면 안 됩니다. 우리 우나라에게 괵(虢)나라는 받침대와 같은 것입니다. 수레는 받침대에 기대고 받침대는 수레에 기댑니다. 우나라와 괵나라는 서로가 기대고 받치고 하여 마치 수레와 받침대의 관계와 같습니다. 만일 길을 빌려 주면 괵나라는 망하며 괵나라가 망하는 날 우리 우나라도 망하고 말 것입니다. 아무쪼록 그 청을 받아들이지 말아 주십시오."

그러나 우공은 옥과 말이 탐이 나서 그의 말을 듣지 않고 길을 빌려 주었다. 순식은 괵나라를 치고 귀국하였으며 3년이 지나자 다시 군사를 일으켜 우나라를 공격하여 이를 격파했다. 순식은 말과 옥을 되찾아와서 헌공에게 바쳤다.

"허어, 옥은 그대로이나 말은 그 동안 많이 자랐구나."

헌공은 이렇게 말하며 매우 기뻐했다고 한다.

한비는 이 이야기를 소개한 뒤, 다음과 같은 코멘트를 부가했다.

"우공이 패하고 영토마저 빼앗긴 까닭은 무엇인가. 눈앞의 이익만 알고 나중에 해가 온다는 것을 생각하지 못했기 때문이다."

욕망의 뒤에는 위험한 함정이 도사리고 있다

욕심에 눈이 어두워 실패한 경우는 우공만이 아니다. 〈한비자〉에 이런 이야기가 실려 있다.

어느 사나이가 딸을 시집보내면서 이렇게 가르쳤다.

"될 수 있는 데까지 남모르게 저금을 하여라. 시집을 갔다 해도 쫓겨나는 경우가 많으니까."

딸은 시집살이를 하면서 은밀하게 돈을 모았으나 결국 탄로가 나서 시집에서 쫓겨나고 말았다. 그러나 딸이 친정으로 돌아왔을 때 가지고 온 재산은 시집갈 때의 배로 늘어나 있었다. 아버지는 딸에게 잘못 가르친 것을 깨닫기는커녕 재산을 늘린 것은 현명한 일이었다고 자랑했다.

한비자는 이 이야기 끝에,

"지금의 정치가는 모두 이 아버지와 같은 부류이다."

라고 확정짓고 있으나 그것은 2300년 후인 현대도 전혀 변하지 않았다.

〈한비자〉 이외에도 자고로 욕심에 눈이 어두워져서 자멸한 경우를 하나하나 예로 들려고 하면 한이 없다. 극히 작은 실패 정도면 우리들 자신에게도 경험이 있을 것이고 주위에는 그러한 사태가 얼마든지 많다. 그러나 욕심에는 그 나름대로의 장점도 있다.

한비는,

"뱀장어는 뱀을 닮았고 누에는 고구마벌레를 닮았다. 뱀을 보면 누구나 깜짝 놀랄 것이며 고구마벌레를 보면 오싹할 것이다. 그러나 고기잡이는 손으로 뱀장어를 쥐며 여자는 손으로 누에를 만진다. 즉 이익이 된다면 누구나 용감해진다."

라고 비꼬앗듯이 욕심이 사회의 활력을 만들어 왔다는 것도 인정해야 한다. 요는 균형 감각의 문제이다. 현대의 일본인은 이익이 된다고 생각되면 '용감한 자'로 변모하여 함부로 덤비는 경향이 있으나 중국인은 일반적으로 그 직선적인 추구에 금욕적(禁慾的)이다. 위험한 함정을 경계하는 마음이 강하기 때문이다.

전체를 파악하려면
시점을 바꾸어서 보라

不上高山, 不顯平地〈속담〉

일방적인 이(利)를 추구하는 자는 손해를 초래하게 된다!

　종합적 사고(思考)를 권유한다. 어느 한 가지 고정된 시점에서만 사물을 보고 있다가는 판단을 그르쳐 실패하게 된다. 때로는 장소를 바꾸고 각도를 바꾸어서 바라보는 여유가 필요하다. 이익이라고 생각되면 그에 따르는 손해되는 면도 잊어서는 안 되며, 이(利)와 해(害)를 포함한 종합적인 판단을 필요로 한다.

　그러나 은군자(隱君子=세상을 등지고 숨어 사는 덕이 높은 사람)인 장자(莊子)도 뜻하지 않은 실패를 한 일이 있었다.

　어느 날, 뒷산에서 사냥을 즐기고 있었는데 남쪽에서 이상한 까치 한 마리가 날아왔다. 날개가 7척에다 눈이 1치 가량이나 되는 큰 까치였다. 그런 까치가 장자의 이마를 스칠 듯이 날아가 가까이에 있는 밤나무 숲에 내려앉았다.

　"그것 묘한 새로구나. 큰 날개를 가졌는데도 제대로 날지 못하고, 큰 눈을 가지고도 마치 눈뜬 장님 같구나."

장자는 이렇게 중얼거리며 옷자락을 걷어올리고 날쌔게 밤나무 숲으로 뛰어들어가 까치를 향해 활을 겨누었다. 그러나 자세히 보니 까치는 잎사귀 뒤에 숨어 있는 사마귀를 노리고 있었으며, 그 사마귀는 시원한 나무 가지에서 정신 없이 울고 있는 매미를 노리고 있는 것이 아닌가. 사마귀나 까치나 먹이를 잡는 데에 정신이 팔려 스스로에게 닥친 위험을 알아차리지 못하고 있었다. 장자는 섬짓했다.

"먹이를 노리는 자, 또 먹이가 된다. 이를 쫓는 자, 해를 입는다. 위험하다, 위험해."

장자는 활을 던지고 급히 밤나무 숲을 나왔다. 그런데 뒤를 쫓아온 밤나무 숲 주인에게 붙잡혀 밤도둑으로 몰려 실컷 욕을 먹었다고 한다. 군자인 장자도 이상한 까치에 마음을 빼앗겨 밤도둑으로 몰리는 추태를 미연에 알아차리지 못했던 것이다.

욕심에 눈이 어두워지면 다른 것이 보이지 않게 된다

또, 〈한시외전(韓詩外傳)〉이라는 책에는 다음과 같은 이야기가 소개되고 있다.

초(楚)나라의 장왕(莊王)이 대군을 동원하여 진(晉)나라를 치려고 할 때, 중신 회의(重臣會議)를 소집하여 이렇게 단호하게 못을 박았다.

"잘 들어라. 내 결심은 이미 굳게 섰다. 감히 나를 간하는 자는 사형에 처하겠노라."

그러자 손숙오(孫叔敖)라는 자가 앞으로 나와서,

"매질을 두려워하여 아비를 말리지 못하면 효자라고 할 수 없습니다. 주살(誅殺=죄인을 매질해 죽이는 것)을 두려워하여 임금을 간하지 못하면 충신이라 할 수 없습니다. 그러므로 감히 말씀 드리겠습니다."

라고 서두를 한 후, 다음과 같이 말했다고 한다.

"우리 집 정원에 느릅나무 숲이 있습니다만, 며칠 전 언뜻 보았더니 나무 위에 매미가 붙어 앉아 소리 높이 울어대면서 잎에 내린 이슬을 먹으려 하고 있었습니다. 뒤에 사마귀가 그 매미를 향해 고개를 쳐들고 다가가고 있었으나, 매미는 전혀 알아차리지 못했습니다. 그 사마귀 뒤에는 황작(黃雀=참새의 일종)이 당장에라도 쪼아먹을 듯이 노리고 있었으나, 사마귀는 매미에 정신이 팔려 알지 못하고 있었습니다. 또 황작은 황작대로 사마귀에 정신이 팔려 나무 아래에서 아이가 새총으로 겨누고 있는 것을 알아차리지 못했습니다. 그런데 그 아이도 황작에만 정신이 팔려 바로 발 앞에 큰 구덩이가 있는 것을 모르고 있었습니다. 이런 것은 모두 눈앞의 이익에만 정신이 팔려 뒤에서 닥치는 화를 알아차리지 못하는 사례입니다. 벌레나 범인만이 그런 것은 아닙니다. 지금 왕께서 하시려고 하는 것도 이와 같은 것입니다."

장왕은 진나라를 치는 것을 단념했다고 한다.

어느 한 가지에 마음을 빼앗기면 그 모습만이 마음 속에서 자꾸자꾸 확대되어 다른 것은 눈에 보이지 않게 된다. 특히 그것이 이익과 이어져 있을 경우, 그런 경향은 한층 더 심하게 된다. 인간 심리의 맹점이라고 할 것이다.

　장자는 도중에서 스스로 잘못을 깨달았으며 장공은 측근의 간언(諫言)으로 사전에 일을 그르치지 않았으나 대부분의 사람은 쓰라린 실패를 겪은 다음에야 비로소 '아차, 잘못했구나' 하고 몹시 후회한다. 그러한 지경에 이르지 않도록 가끔 운전하던 차를 세우고 머리를 쉬게 하고 냉정하게 주위를 돌아보는 여유가 필요하다.

이익을 추구하기보다 손해를 제거하라

興一利不如除一害〈원사〉

이익을 얻으려고 하기보다 손해를 제거하라

"일리(一利)를 흥(興)하게 하는 것은 일해(一害)를 제거하는 것만 같지 못하다. 일사(一事)를 만드는 것은 일사를 빼는 것만 같지 못하다."

야율초재(耶律楚材)*는 항상 이 말을 하여 당시의 사람들로부터 명언(名言)이라는 칭찬을 받았다고 한다. 그는 원(元)의 태조(징기스칸), 태종(오고타이)을 받들어 원나라의 무단 정치를 중국 통치에 적합하도록 하는 일에 힘썼으며 또한, 한(漢) 민족의 생명과 재산을 보전하는 데 부심했다 한다. 이 말에서도 그가 얼마나

야율초재(耶律楚材) : 몽고제국(蒙古帝國)의 공신이다. 자는 진경(晋卿)이며, 요조(遼朝) 종실의 자손이다. 유교, 불교, 도교에 통했으며 문학, 지리, 천문, 의약, 역법에도 소양이 깊은 중국적 교양인이었다. 태종(太宗) 때 중서령(中書令)이 되고 몽고의 누습(陋習)을 바꾸어 중국의 문물 제도를 절충하고 여러 제도를 확립하여 원나라 건국의 기초를 세웠다. 저서 '서유록(西遊錄)'은 징기스칸의 중앙아시아 원정(遠征)에 종군한 여행기(旅行記)이다. 시호는 문정(文正)이다.

고심을 하였는지 잘 알 수 있다.

이 말은 일종의 정치적 균형 감각을 표현한 것이지만 유효성을 발휘할 수 있는지의 여부는 때와 장소에 따라서라고 말하지 않을 수 없다. 파탄을 회피하고 실점을 최소 한도로 막는 점에서는 유효하다 하겠으나, 자칫하면 무사안일(無事安逸)주의의 도구로 쓰일 우려가 있다. 야율초재의 경우는 결코 그러하지는 않았으나 2류, 3류의 정치가 따위가 이것을 본뜨면 그런 우려가 없으리라고 할 수 없다.

중국인은 원래가 균형 감각이 풍부한 민족으로 정치면만이 아니라 일상의 처세 태도에서도 극단으로 달리는 것을 싫어하여, 무리를 피하고 좌우 상하의 중도를 취하려는 경향이 강하다. 소위 '적절주의' 이다.

적절한 이익을 얻는 것이야말로 어렵다

〈한비자〉라는 책에 이런 이야기가 있다.

위(衛)나라의 어느 부부가 함께 하느님께 빌고 있었는데 아내가 이렇게 빌었다.

"아무쪼록 백 필의 천을 내려 주소서."

"너무 적지 않아?"

남편이 놀리자 아내는 이렇게 대답했다.

"그보다 더 있으면 당신이 첩을 거느리게 될 거예요."

또 이런 우스갯소리도 있다.

어느 사나이가 너무나 가난한 생활이 지겨워서 하느님께 소원을 빌었다.

"부자가 되게 해 달라고는 하지 않습니다. 그저 그날 그날의 끼니만이라도 걱정 없게 해 주십시오."

사나이가 너무나 열심히 빌어서 하느님이 그 모습을 나타냈다.

"너는 너무도 호사스런 청을 하는구나. 이것도 아니고 저것도 아닌 생활이야말로 만인이 바라는, 여간해서는 이루지 못하는 극치라는 것을 모르느냐. 그런 큰 것을 바라지 말고 부자가 되고 싶다거나, 아니면 지금대로 가난뱅이로 살거나, 어느 쪽이건 한 가지로 택해 다시 소원을 빌도록 하여라."

이 두 가지 이야기는 어느 쪽이건 적절한 것을 좋아하는 중국인의 사고 방식의 표현이다. 이와 같은 '적절주의'는 균형 감각과 같은 뿌리이다. 그것은 확실히 큰 장점으로서 서로 다른 이해의 대립을 조정하여 완화해야 할 때는 큰 위력을 발휘하나, 균형 감각이 지나치게 작용하면 이것도저것도 되지 않을 우려가 생기게 된다.

작은 재산은 근면으로 얻어지나 큰 재산은 운명에 따른다

大富由命, 小富由勤〈속담〉

운명에 따르면 우환도 사라진다

옛날의 중국인은 운명의 존재를 믿어, 살아가는 데에 있어서 의탁처로 삼았다. '천(天)'이라고도 하고 '명(命)'이라고도 하여 그들에게는 어느 의미에서 종교와 같은 것이었다.

'명'에 언급하고 있는 것은 유가(儒家)의 경전에 많다. 예를 들면,

'천(天)을 즐기고 명(命)을 안다. 고로, 걱정하지 않는다.〈역경(易經)*〉' 또는 '사생(死生)은 명에 있으며 부귀(富貴)는 천에 있다.〈논어(論語)*〉' 등의 말은 많이 알려져 있다. 물론 이 '명'은 사람들의 생활과는 관계가 없는 '가르침'으로서 있었다.

논어(論語) : 예로부터 유교의 성전(聖典)으로써 존중되는 사서(四書)의 하나이다. 공자의 언행, 제자의 당시 사람과의 문답 및 제자의 언행을 제자들이 모아 엮은 책으로 공자의 가르침을 알 수 있는 오직 하나의 문헌이다. 공자의 중심을 이루는 효제(孝悌)와 충서(忠恕)를 바탕으로 하여 '인(仁)'의 도(道)를 설명했으며, 사람의 살아가는 방법이나 정치, 교육 등에 큰 영향을 미쳤다. 엮은 사람과 연대는 자세하지 않다. 20편.

예를 들면, 한(漢)나라의 고조(高祖) 유방(劉邦)이 있었다. 만년에 화살을 맞아 얻은 상처가 악화되어 죽음에 이르렀을 때, 부인인 여후(呂后)가 백방으로 사람을 풀어 천하의 명의를 찾아왔다. 의원의 진찰이 끝나자 고조가 물었다.

"그래, 어떤가, 내 증상이?"

"네, 반드시 좋아지실 것입니다. 심려 마십시오."

라고 의원이 대답하자, 고조는 소리 높여 호통을 쳤다.

"되지도 않을 말을 하는구나. 나는 일개 포의(布衣=벼슬하지 않은 평민)에서 일어나 3척의 검을 휘둘러 천하를 얻었다. 이것이야말로 천명이 아닌가. 인간의 운명은 하늘이 정하는 법이다 (명은 즉, 하늘에 있다). 편작(扁鵲=고대의 명의)과 같은 명의라 할지라도 어쩔 도리가 없다."

결국은 치료를 허락하지 않고 황금 50근을 주어 의원을 돌려보냈다고 한다.

역경(易經) : 오경의 하나로, 제일위(第一位)에 놓여지는 고대 중국의 철학서이다. 가장 난해한 경서로, 길흉을 판단하여 점치는 책으로서 음양(陰陽) 이원(二元)을 가지고 천지간의 만상(萬象)을 설명하는 것이다. 중국 상고 시대에 복희씨(伏羲氏)가 그린 괘(卦)에 대하여, 주(周)의 문왕(文王)이 총설(總說)하여 괘사(卦辭)라 하고, 주공(周公)이 이것의 육효(六爻)에 대하여 세설(細說)하고, 효사(爻辭)라 했는데, 공자가 여기에 심오한 원리를 붙여 십익(十翼)을 가한 것이다.

음양 이원으로써 천지간의 만상을 설명하고 이 이원은 태극(太極)에서 생긴다고 하였고, 음양은 노양(老陽, 여름), 소양(少陽, 봄), 소음(少陰, 가을), 노음(老陰, 겨울)의 4상(象)이 되고, 다시 건(乾), 태(兌), 이(離), 진(震), 손(巽), 감(坎), 간(艮), 곤(坤)의 팔 괘로 되고, 팔 괘를 거듭하여 괘를 만든다고 하고, 이것을 자연 현상, 가족 관계, 방위(方位), 덕목(德目) 등에 맞추어서, 철학, 윤리, 정치상의 해설과 설명을 가했다. 주대(周代)에 대성되었기 때문에 주역이라고도 한다.

노력이 없는 곳에 행운은 오지 않는다

현대의 중국은 〈신화자전(新華字典)〉의 설명으로서도 알 수 있듯이 '운명'을 미신 사상이라고 규정짓고 있다. 확실히 그런 것이 틀림없겠으나, '운명'을 자각한다는 것은 그 나름대로의 장점도 없지는 않다. 커다란 장애에 부딪쳤을 때나, 하는 일이 뜻대로 진행되지 않을 때는 원인을 '운명'에 미루어 마음에 상처를 달래어 정신적인 위안으로 삼을 수도 있다.

솔직히 말하면, 공자(孔子)도 어려움에 부딪쳤을 때, 가끔 이 방법을 써서 정신적인 안정을 꾀하곤 했다. 그러나 이를 상용하면 만성 중독을 일으켜 한결같이 적극성이 모자라는 인생 태도를 가지게 되기 쉽다. 어쩌면 중국인은 3천 년의 상용에 의해 중증인 중독 증상을 일으켜, 그 때문에 지금은 미신 사상이라 하여 사용 금지가 되어 있는지도 모른다.

이 속담은 그러한 '운명'의 사상을 근거로 한 것이나 '소부(小富)는 근(勤)에 연유한다.'라고, 약간은 '운명'에 바람 구멍을 뚫어 놓은 점이 재미있다.

현대의 중국에도 의외로 '운명' 의식을 가지고 있는 사람들이 많이 있는 것이 아닐까, 그런 생각이 자주 든다.

현명한 사람은
운명을 거역하지 않는다

君子人不跟 命爭〈속담〉

용감하다고만 해서 살아갈 수 있는 것은 아니다

바둑의 임해봉(林海峯) 명인이 지난날, 저단자였을 시절에 신문 기자들에게,

"만일 지갑을 잃어버렸다고 하면 어떻게 하겠습니까?"

라는 질문을 받자 그는,

"나는 절대로 지갑을 잃어버리지 않습니다."

"만일에 잃어버렸다 치고 말입니다."

만일을 전제로 계속 질문하자,

"애초부터 지갑을 가지고 있지 않았다고 생각할 것입니다."

라고 대답했다고 한다. '운명과는 다투지 않는다.' – '당한 일은 하는 수 없다' 라고 깨끗이 단념하고 미련을 두지 않는다 – 중국인의 전형적 태도이다.

스스로의 힘도 재어 보지 않고 함부로 상대에게 덤비는 것을

중국어로 '당랑 당차(螳螂鐺車)'라고 한다.

〈장자〉 인간세편(人間世篇)에는 '그대는 그 당랑(螳螂=사마귀, 미안마제비)을 모르는가. 팔꿈치를 위세 있게 추켜들고 수레바퀴와 부딪쳐도 이기지 못한다는 것을 알지 못한다.(도저히 자기 힘으로는 당할 수 없는 적과 맞서려고 하는 것을 비유)'라고 나와 있다. 이것은 자기 주제를 분별하지 못하고 남에게 대드는 사람의 무모함을 풍자한 말이다. 또 〈한시외전〉이란 책에는 다음과 같은 이야기가 있다.

옛날 제(齊)나라의 장공(莊公)이 사냥을 나갔을 때의 일이다. 한 마리의 당랑이 앞으로 앞발을 추켜들고 장공의 수레에 달려들었다.

"허어! 저런. 저건 무엇이라는 벌레냐?"

좌우의 신하에게 묻자 마부가 대답했다고 한다.

"저것 말씀이옵니까? 당랑이라고 하는 것인데 나아갈 줄만 알고 물러서는 것을 몰라 적을 보면 제 힘도 생각지 않고 함부로 돌진하는 놈이올시다."

장공은,

"이 놈이 인간이었다면 틀림없이 천하의 용사가 되었으리라."

하고 일부러 그 당랑을 피해 수레를 몰도록 했다 한다.

제나라의 장공은 당랑의 씩씩한 모습을 보고 동정을 느낀 듯하지만, 당랑의 행위는 역시 무모했던 것이 틀림없다. 무모란 계산도 없고 가상도 없는 것을 말한다. 이래서는 아무리 용감하다 해도 중국인은 그리 평가하지 않는다. 공자도 이러한 행위를 '폭호빙하(暴虎馮河―무모한 용기를 말함)'라고 하며 경멸했다.

목숨을 아끼지 않는 사람보다 계획성 있는 사람이 믿음직스럽다

어느 날, 공자가 안회(顔回)에게,

"일단 등용이 되면 있는 힘을 모두 발휘한다. 그러나 인정을 받지 못할 경우에는 가만히 관망한다. 이러한 경지에서 안주할 수 있는 사람은 너와 나 정도일 것이다."

라고 말하자, 옆에서 듣고 있던 자로(子路)가 불만을 터뜨렸다.

"그렇다면 만일 선생님이 대국의 총사령관이 되셨을 경우에는 어떤 인물을 믿고 쓰시겠습니까?"

자로는 매우 괄괄한 사람으로 용기에 있어서는 공자의 문하에서 따를 자가 없었다. 당연히 '그것이 너로다' 라는 대답을 기대했기 때문이다. 그러나 공자는 이렇게 대답했다고 한다.

"맨손으로 호랑이에게 덤비거나(暴虎), 걸어서 황하를 건너는(馮河), 그런 종류의 목숨을 아끼지 않는 인물은 안 된다. 오히려 겁쟁이라 할 만큼 조심성 있고 성공률이 높은, 용의주도하고 치밀한 계획을 세우는 사람이 믿음직스럽다."

이는 공자뿐만이 아니라 중국인에 공통된 인식으로, 이 점에 관해서는 지금이나 옛날이나 그다지 변하지 않고 있다. 정확한 계산도 없이 그저 '닥치는 대로 한다' 는 식으로 함부로 돌진하는 우리들에 비하면 물과 기름같은 차이라고 하겠다.

'운명과 싸운다' 는 것은 '당랑당차' 나 '폭호빙하' 보다도 더 무모한 행위라고 중국인은 생각해 왔다.

14

천자 따위는 있거나 말거나 마찬가지

帝力何有於我哉〈십팔사략〉

자력갱생주의(自力更生主義)를 본받자!

중국은 전체주의(全體主義) 나라로서 중앙 집권(中央集權)의 나라라고 생각하는 사람이 많으나, 이러한 인식은 너무나 단순하고 표면적인 것이다. 확실히 그런 면도 없지는 않겠으나 반드시 그렇다고 할 수 없는 면도 적지 않다. 예를 들어, 일본의 지방 자치 단체와 중국의 인민 공사를 비교해 보면 일본의 지방 자치 단체 쪽이 훨씬 나라에 대한 의지도가 높다는 것이다. 중국의 인민 공사는 학교이건 병원이건 독립해서 경영하는 것을 원칙으로 하는, 소위 '자력갱생주의'가 엄격하게 관철되고 있다. 국민 생활에 깊은 상처를 남긴 문화 대혁명이 농민의 생활에는 별로 큰 영향을 주지 못했다고 하는 것도 아마 하나의 원인이라고 본다. 농민의 의식 가운데에는 지금도 아직 '제(帝)의 힘, 나에게 무엇이 있으랴' 하고 노래한 '격양가(擊壤歌)'의 세계가 짙게 투명되어 있다고 생각된다.

'격양가'란 원래 중국인이 생각하는 이상적인 정치의 모습을 나타낸 것에 지나지 않는다. 〈십팔사략(十八史略)*〉에 의하면, 옛날 성천자(聖天子)라고 일컬어진 요(堯) 임금은 천하를 다스린 지가 50년이 되었으나, 도대체 천하가 잘 다스려졌는지, 백성이 자기를 천자로 받들기를 바라는지 스스로도 모르게 되었다. 그래서 측근에게 물었으나 모른다고 했다. 조정의 벼슬아치에게 물어도, 민간의 유력자에게 물어도 역시 해답을 얻지 못했다. 그래서 자신의 눈으로 확인해 보려고 요 임금은 암행으로 거리에 나가 보았다. 그러자 아이들의 노래 소리가 들려 왔다.

> 모두가 편하게 사는 것은
> 천자의 덕택이로다.
> 매일 즐겁고 한가롭게
> 가르치심에 따라서

한참을 또 갔더니 이번에는 입을 오물오물하며 '격양(擊壤=신처럼 생긴 목제구를 세워 놓고, 몇 걸음 떨어진 곳에서 같은 물건을 던져 맞히는 유희)'을 즐기고 있는 노인의 모습이 보였다. 요임금이 숨어서 살펴보니 노인은 고복(鼓腹=배불리 먹고 기뻐하여 배를 두드림)을 치며 장단을 맞추면서 이런 노래를 부르기 시작했다.

십팔사략(十八史略) : 중국의 십팔사〈중국에 있어서 십칠사(十七史)에 송사(宋史)를 더한 열 여덟 가지의 사서〉를 요약해서 초학자(初學者)가 쓰도록 엮은 책으로, 원(元)나라의 증 선지(曾先之)가 지은 것이다. 중국 태고로부터 송말(宋末)까지의 사실(史實)을 요령 있게 압축하여 기록했다. 원간본 (元刊本) 2권과 명(明)의 진은(陳殷)의 음석본(音釋本) 7권이 있다.

해가 뜨면 일하고 해가 지면 쉰다.
우물을 파서 마시고 논밭을 갈아 먹는다.
제(帝)의 힘, 나에게 무엇이 있는가

'백성은 지금 생활에 만족하고 있다. 이것은 바로 정치가 잘 되어 있다는 유일한 증거로다.' 이렇게 생각한 요는 안심하고 궁으로 돌아갔다고 한다.

정치 권력이 백성에게 미치지 않는 사회가 이상적이다

이와 같이 정치야말로 중국인의 이상이며 그것의 실행을 의식하여 노력한 정치가도 적지 않다. 예를 들면 한대(漢代)의 조삼(曹參) 등도 그 중 한 사람이다. 2 대째의 혜제(惠帝) 시대, 숙하(肅何)의 후임으로 재상에 오른 조삼은 술만 마실 뿐 정치에 힘을 기울일 조짐이 보이지 않았다. 벼슬아치 중에서는 걱정이 되어 일부러 의견을 말하려고 오는 자도 있었다. 그러면 조삼은 곧 술을 권하고 그들이 다시 의견을 말하려고 하면 또 술을 권하여 취해 떨어지게 하려고 했다. 그러는 동안에 그들은 중요한 의견 진술 따위는 잊어 버리고 곤드레가 되어 돌아가는 것이 상례였다.

젊은 혜제는 얼핏 보아 불성실하다고 생각되는 조삼의 태도를 이해할 수 없었다. 젊은 자기를 얕잡아보는 것은 아닐까 의심을 품고 어느 날 조삼을 불러 심하게 힐책했다. 조삼은 관을 벗고 사죄하면서,

"폐하께서는 돌아가신 선대(先代)와 비교하여 어느 쪽이 영매하다고 생각하십니까?"

"그야 짐 따위는 발끝에도 미치지 못하지."

"그러시다면 신과 숙하대감과는 어느 쪽이 현명하다고 보십니까?"

"아무래도 그대가 숙하에게 미치지 못하는 것 같구나."

"바로 보셨습니다. 나라의 근원은 이미 선대와 숙하대감에 의해 다져졌습니다. 지금은 다만 그 규법에 따라 하면서 잘못만 일으키지 않으면 되지 않겠습니까?"

"잘 알았다. 물러 가라."

당시 백성들 사이에는 이런 노래가 유행했다고 한다.

> 숙하가 만든 법률은
> 한 일자처럼 어김이 없다.
> 다음에 바뀐 조삼도
> 그것을 지켜 실수가 없다.
> 아무 일도 하지 않은 그의 덕택
> 백성의 생활의 평안함이여.

15

눈을 뜨고 남을 평하라

刮目相待〈성어〉

학문과 교양이 갖추어져야 비로소 남의 위에 설 수 있다

중국을 알려면 〈삼국지(三國志)*〉를 읽어라. 〈삼국지〉의 무대가 된 삼국 시대란 위(魏), 오(吳), 촉(蜀)의 세 나라가 정립하여 삼국 구조(三國構造)를 형성하여 각각 천하의 통일을 꿈꾸면서 외교나 무력 투쟁에 불꽃을 튀긴 시대였다. 등장 인물은 모두가 한가락하는 개성파가 모여서 욕망과 포부를 불태우면서 저 넓은 중국 대륙이 좁다는 듯이 휘젓고 다니며 라이벌의 타도를 목표로 가진 권모 술수를 구사했다. 〈삼국지〉는 읽어서 재미있을 뿐 아니라 중국인의 술수를 잘 알게 되는 책이다.

삼국지(三國志) : 중국 삼국 시대의 역사를 기록한 책이다. 진나라의 진 수(陳壽)가 찬술한 것을 송나라의 배송지(裵松之)가 주(註)한 것으로서, 위지(魏志) 30 권, 촉지(蜀志) 15 권, 오지(吳志) 20 권으로, 전부 65 권으로 되어 있다. 위를 정통으로 인정하여 위지(魏志)에만 본기(本紀)가 있고 '촉'과 '오'는 열전(列傳)이 있을 뿐이다. 위지에 나타나는 부여전(夫餘傳), 고구려전, 옥저(沃沮), 읍루, 예(穢), 삼한전(三韓傳) 등은 우리 나라 상대사와 국문학 연구에 좋은 사료가 되고 있다.
'사기(史記)', '한서(漢書)', '후한서(後漢書)'와 함께 '전사사(前四史)'의 하나이다.

그런데 이 〈삼국지〉에 등장하는 유명 인물 중의 한 사람으로 여몽(呂蒙)이라는 장군이 있다. 오(吳)의 손권(孫權)을 섬기며 그 세력 확대에 공헌한 모장(謀將)이나, 가난한 집안 출신이기 때문인지 젊은 시절에는 학문과 교양이 모자랐다. 중국은 원래가 '문치(文治)'의 나라이므로 장군이라 해도 학문이 딸려서는 사람들의 존경을 받을 수가 없었다. 한번 마음을 고쳐먹은 여몽은 틈틈이 학문에 정진하여 차차 학식을 쌓아 갔다.

　어느 날, 노숙(魯肅)이라는 선배격 장군이 여몽의 처소를 찾아왔다. 전선으로 부임하는 도중, 마침 부근을 지나다가 인사차 들렀다는 것이었다.

　곧 주연이 벌어지고 얼마 후 여몽이 새삼스레 자세를 바로고친 어조로 노숙에게 물었다.

　"그런데 장군께서는 싸움터에 가실 때 어떤 작전을 짜고 가십니까?"

　"아니, 아무 작전도 없소. 그 때에 가서 적절히 대처할 작정이오."

　그러자 여몽은,

　"상대인 관우(關羽)는 무서운 인물입니다. 미리 단단히 작전을 세워 두심이 좋을 것입니다."

하며 노숙을 위해 다섯 가지의 작전을 일러 주었다.

　이렇게 화제는 차례차례로 이어졌으나 어떤 화제가 나와도 여몽은 해박한 지식을 피력하여 노숙을 감탄케 했다.

　드디어 노숙은 여몽의 어깨를 두드리며 말했다.

　"장군을 보통의 무변으로 알고 있었으나 지금 이야기를 나누고 보니 정말 학식이 깊은 데에 놀랐소. 장군은 이제 옛날의 몽군이 아니오(오하(吳下)의 아몽(阿夢)이 아니다)."

두 사람은 이것을 계기로 의형제의 인연을 맺었다고 한다.

이 일화에서 '오하의 아몽'이라는 말이 나왔다. '학문과 교양이 없는 인물'이라는 의미에서 현대 중국에서도 그대로 통용되고 있다.

16

좁은 곳에서 다투는 것은 어리석은 짓

蝸牛角上爭〈속담〉

와우각상(蝸牛角上)의 싸움은 피하라

좁은 곳에서 뿔을 맞대고 다투는 쓸데없는 싸움이라는 뜻이다. 와우란 '달팽이'를 말하는데 그 뿔 위에서 싸운다는 뜻이므로 그야말로 '작고도 작은' 것이다.

〈장자*〉라는 책에 이런 이야기가 있다.

지금부터 약 2400년 전, 중국은 전국 시대라 하여 7개의 강국이 피투성이가 되어 패권(覇權) 다툼을 벌이고 있었다. 그 강국 중 하나에 위(魏)라는 나라가 있었다.

어느 해의 일이었는데 위나라의 혜왕(惠王)은 역시 강국 중의

장자(莊子) : 중국 전국 시대의 사상가로 맹자(孟子)와 같은 시대의 인물이다. 이름은 주(周)이다. 물(物)의 시비(是非) 선악(善惡)을 초월하여, 자연 그대로 살아가는 자연 철학을 제창하였다. 노자(老子)의 '무위자연(無爲自然)'의 사상을 발전시켜 공문(孔門)의 사상을 반박하였는데, 노자가 정치적, 사회적 문제를 대상으로 다룬 데 비하여, 장자는 개인의 안심 입명(安心入明)을 문제 삼았다.

그는 '남화진인(南華眞人)', '남화노선(南華老仙)'이라 추호되었고, 저서로는 '장자(莊子)'가 있다.

하나인 제(齊)나라와 동맹 조약을 맺었다. 그러나 후에 제나라는 그 조약을 파기하고 위에 공격을 해 왔다. 분개한 혜왕은 몰래 자객을 보내 제나라 왕을 암살할 것을 꾀했다.

소문을 들은 중신들이 달려 왔다. 곧 어전 회의가 열렸으나 왕의 계획에 찬성하는 자와 반대하는 자의 2 파로 갈려 쉽게 결말이 나지 않는다.

이것을 보고 재상인 혜자(惠子)가 대진인(戴晉人)이라는 현인(賢人)을 왕 앞으로 데려왔다. 대진인은 자리에 앉더니, 조용히 혜왕에게 말하기 시작했다.

"왕께서는 달팽이라는 것을 알고 계실 것입니다."

"알다마다."

"그 달팽이의 왼쪽 뿔에는 촉씨(觸氏)라는 자의 나라가 있고 오른쪽 뿔에는 만씨(灣氏)라는 자의 나라가 있어서 끊임없이 영토 싸움을 거듭하고 있습니다. 어떤 때는 격전이 15 일 동안이나 계속되어 쌍방의 전사자가 수만에 이르자 겨우 물러났다고 합니다."

"여봐라, 농담도 어지간히 하라."

"아닙니다. 결코 농담이 아니옵니다. 그 증거를 지금부터 여쭙겠습니다. 잘 들으셔야 합니다. 왕께서는 이 우주 상하 사방에 끝이 있다고 생각하십니까?"

"끝이 없겠지."

"그렇다면, 마음이 그 무궁한 세계에서 노는 사람이 이 지상의 나라들을 보면 거의 있는 듯, 없는 듯한 존재나 같다고 하지 않겠습니까?"

"음, 과연 그럴 것 같구나."

"그 나라들 중에 위나라가 있고 위나라 안에 도성인 양(梁)이 있고 양 안에 왕께서 살고 계십니다. 그리고 보면 왕과 촉씨, 만씨와 어느 정도의 차이가 있겠습니까?"

"음, 그러니까 차이가 없다 이 말이란 말인가."

혜왕이 한동안 망연 자실하였다 한다.

이것이 〈장자〉라는 책에 실려 있는 '와우각상의 싸움'의 일화이다.

때로는 거시적인 각도에서 자신을 바라보자!

확실히 〈장자〉의 말대로 우주적인 시각으로 유구한 시간의 흐름 속에서 보았을 때, 인간의 당위(當爲) 아니, 인간의 존재 그것마저도 '아주 작고 작은' 것이라고 할 수 있을 것이다.

이러한 입장을 자기의 것으로 한다면 자신의 존재나 노력을 상대화할 수 있기 때문에 거기서 마음의 여유라든지 평안(平安)과 같은 것이 탄생되지 않을까 한다. 또 실의에 빠졌을 때, 위안도 되고 방향 전환을 도모하여 새로운 출발을 기할 수 있는 가능성도 있으리라.

거기에 관해서 당대(唐代)의 시인 백락천(白樂天)도 이렇게 노래하고 있다.

와우각상 무엇인가 다툰다.

석화광중(石火光中)이 몸을 기탁한다.

인생은 짧다. 그 인생을 무엇 때문에 사는가 목표를 확실히 설정하고 자질구레한 일에는 구애받지 않는 마음의 여유를 가졌으면 한다.

제2장

인생의 수라장을
살아가는 지혜

17

먼저 출발하면
남보다 우위에 설 수 있다

先發制人, 後發制于人〈한서〉

마음을 정하면 즉시 실행에 옮겨라

'먼저 떠나면(先發) 남(人)을 제(制)하고, 뒤에 떠나면(後發) 남에게 제압당한다.' 이 말은 원래는 〈사기(史記)〉*와 〈한서(漢書)〉라는 옛 역사책에 나오는 말이지만 현대 중국어에서도 '선발제인(先發制人)'으로 통용되고 있다.

싸움에서나 사업에서나 어디에서도 그러하지만 남보다 일찍 준비를 시작하면 그만큼 빨리 유리한 태세를 취할 수 있으며 따라서 승기(勝機)도 열린다는 말이다. 중요한 것은 '자, 해 보자'라고 마음먹었을 때 그것을 실행으로 옮기는 결단이다. 제아무리 마음을 먹었다 해도 어물어물 망설였다가는 아무런 일도 되

사기(史記) : 중국 한(漢)나라 사마 천(司馬遷)이 황제(黃帝)로부터 한나라 무제(武帝)까지의 역대 왕조의 사적을 기전체로 적은 역사책이다. 전한(前漢) 초기에 완성되었으며, 본기(本紀) 12권, 세가(世家) 30권, 열전(列傳) 70권, 연표(年表) 10권, 서(書) 8권, 모두 130권으로 되어 있다. 재래의 전설이나 기록 외에 널리 여행하여 사료(史料)를 수집해서 사서(史書) 및 문학적 가치로 높이 평가되며 중국 정사와 기전체의 시조라 함.

지 않는다. 그럴 때의 결단이 중요하다는 것을 가르쳐 주고 있는 것이 '선발하면 인을 제한다.' 라는 말이다.

〈한서(漢書)*〉에서 출전(出典=고사나 인용어 동의 출처가 되는 책)이 된 일화를 인용해 보자.

지금부터 약 2200 년 전의 일이다. 때는 진(秦)왕조의 말년, 각지에 반란군의 봉기가 잇달았다. 도읍에서 멀리 떨어진 회계군(會稽郡-지금의 항주 부근)에도 그 움직임이 각각으로 전해 왔다.

"우물쭈물하다간 버스를 놓지고 말겠다."

회계군의 군사는 마음이 조급했다. 그래서 항량(項梁)이라는 유력자를 초청하여 의견을 묻기로 했다.

이 항량이라는 인물은 우두머리 기질이 있는, 병법에 능한 사람이었다고 한다. 태어난 고향에서 사람을 죽인 일로 조카인 항적(項籍)과 함께 회계군으로 도망쳐 왔으나 곧 계외(界隈)의 두목으로 눌러앉아 사람들의 신망을 받고 있었다. 군수는 그 점에 눈독을 들여 그를 이용하려고 했다.

그런데 군수 앞에 나온 항량이 입을 연 첫마디가 이러했다.

"각지에서 반란군이 봉기하고 있는 현재의 정세로 보면 진의 멸망은 눈앞에 박두했다고 하겠습니다. 먼저 떠나면 남을 제압

한서(漢書) : 중국 전한(前漢)에 정사를 기록한 것이다. 후한(後漢)의 반고(班固)가 지은 것으로, 반표(班彪)가 짓기 시작하였던 것을 반고가 대성하였고, 누이동생 반소(班昭)가 보수(補修)했다. 대체로 전한 1 대의 역사를 적어 놓았고 기전체(紀傳體)로서, 12 제기(帝紀), 8 표(表), 10 지(志), 70 열전(列傳)으로 되었다. 효장제(孝章帝)의 건초(建初) 연간에 완성하였다. 이 책에는 조선전(朝鮮傳), 지리지(地理志) 등이 있어 우리 나라 역사 연구에 도움이 되는 책으로 모두 120 권으로 되어 있다.

하고, 나중에 떠나면 남에게 제압당합니다."

"그러나 아무리 용맹하고 강하다 해도 그대 혼자서는 어찌 하겠는가?"

"아닙니다. 이 거리에는 또 한 사람 항초(恒楚)라고 하는 호걸이 있습니다. 지금은 망명중이라 행방을 감추고 있으나 조카인 항적만이 그의 행방을 알고 있습니다."

항량은 물러나와 밖에 대기하고 있던 항적에게 귓속말을 하고서는 다시 안으로 들어가 군수에게 말했다.

"항적을 불러들여서 항초를 찾아오도록 명령하심이 어떻겠습니까?"

"좋다."

라고 하여 항적이 들어왔다. 틈을 주지 않고 항량이 항적에게 눈짓하며,

"해치워."

라고 소리치자 항적의 번쩍하는 칼날 앞에 군수의 목이 굴러떨어졌다.

이렇게 군수를 처치한 두 사람은 군하에 격문을 띄우고 군사를 모아, 드디어 반란군의 주모자가 되어 진(秦)나라 타도에 매진했다 한다.

이상이 〈한서〉에 소개된 '선발하면 남을 제압한다.'의 고사이다.

후조치(後措置)가 시원치 않으면 선발속공(先發速攻)도 의미가 없다

항적, 자(字)는 우(羽)이다. 후에 한(漢)나라 고조와 천하를 두고 다툰 걸물이었다. 그러나 항적이나 항량이나 모두 직정경행형(直情經行型)에 속하는 사람들로 행동 양식도 직선적이었다.

싸움에 이기기 위해서는 주도권을 잡아야만 한다. 주도권을 잡으려면 확실히 남보다 빨리 행동을 취할 필요가 있다. 그러나 그것은 필요 조건일 뿐 반드시 충분 조건이라고는 할 수 없다. 사실상 항량은 전진(戰陣) 속에서 죽었으며 항적도 최후의 마무리를 그르쳐, 결국 한의 고조에게 망했다.

먼저 출발하는 것이 유리하다는 것이 의문의 여지가 없다 해도 그것을 최후의 승리로 연결하기 위해서는 다른 면에서의 고심노력이 요구된다. '선발속공' 형인 사람에게 필요한 것은 오히려 다른 면에서의 고심노력이다. 즉 이 말은 '후발지공(後發遲攻)' 형인 중국인에게야말로 필요한 것이 아닐까 한다.

모택동도 지난날 항일 전쟁을 지도했을 때 이렇게 말했다.

"주도권은 정세에 대한 정당한 평가와 올바른 군사적, 정치적 처치(處置)에 의해 탄생된다. 객관 정세에 맞지 않는 비관적 평가와 거기에서 생기는 소극적인 처치는 주도권을 잃게 하여 이쪽을 수동적인 입장으로 몰아 넣고 만다. 반대로 객관 정세에 맞지 않는 지나치게 낙관적인 평가와 거기서 생기는 불필요하게 모험적인 처치도 또한 주도권을 잃게 하여 비관론자와 같은 길로 들어가고 만다."

처음에는 처녀처럼, 마지막에는 달아나는 토끼처럼

始如處女, 終如脫兎 〈손자〉

정보를 조작하여 적을 농락하라!

'처음(始)에는 처녀와 같고 마지막(終)에는 달아나는 토끼(脫兎)와 같다.' 라는 말은 잘 알려져 있는 말이지만, 그 내용에 대해서는 적지 않은 오해가 내포되어 있는 것으로 생각된다. 첫째, 손자의 원문을 들어 보면,

"처음에 처녀와 같이 하면 적(敵)이 문(問)을 열고, 마지막에 달아나는 토끼처럼 하면 적이 막지(距) 못한다."
라고 나와 있다. 굳이 번역을 하자면,

"처음에는 처녀처럼 행동하여 적이 방심하도록 한 다음에 나중에는 달아나는 토끼처럼 달겨들어 적에게 지킬 틈을 주지 않는다."
라는 뜻이 될 것이다.

여기에서도 알 수 있는 바와 같이, '처녀처럼' 이란 말은 적이

방심하도록 하기 위한 방편으로 그저 얌전하게만 있는 것이 아니다. 그 이면에는 무서운 권모 술수를 감추고 있다. 이것은 중국인이 가장 장기로 삼고 있는 것으로 보겠다.

예를 들어 보면, 〈사기(史記)〉의 작가 사마천(司馬遷)은 이 말을 전단(田單)이라고 하는 장군의 용병에 대해 말하고 있는데, 그 전단의 용병이란 다음과 같은 것이다.

전국 시대의 일이었다. 제(齊)나라는 명장 악의(樂毅)가 이끄는 연(燕)의 대군에게서 공격을 받아 대패하여 불과 거(莒)와 즉묵(卽墨)의 2개 성만을 지탱하고 있었다. 거의 수비가 굳다고 본 연군은 전군을 동원하여 즉묵을 포위했다. 이 때 즉묵의 사령관으로 임명된 사람이 전단이었다. 전단은 압도적으로 우세한 연나라 군을 맞이하여 오로지 성을 지키기에만 급급하였으나 그런 가운데서도 조용히 역전의 계책을 강구했다.

먼저 연나라 안에 첩자를 풀어 '악의가 딴 마음을 품고 있다'는 소문을 퍼뜨렸다. 이러한 이간책은 뜻대로 성공하여 드디어 악의는 해임되고 연군의 사기는 뚝 떨어졌다. 다음에 전단은 적진에 첩자를 풀어, '제국이 가장 두려워하고 있는 것은 포로가 된 자기편 군사가 코를 잘리는 형을 받았기 때문에, 이를 당하지 않으려고 굳게 성을 지키고 있다.'라는 헛소문을 퍼뜨렸다. 이 소문을 곧이들은 연군이 그대로 실행한 바, 이것을 본 성 안의 군사들은 죽어도 포로는 되지 말자고 서로 맹세했다. 전단은 다시 첩자를 놓아 이번에는 이런 소문을 냈다.

"성 안의 제나라 군사는 선조의 묘가 파헤쳐지지나 않을까, 그것만 걱정하고 있단다."

연나라 군사는 곧 성 밖에 있는 묘를 모조리 파헤쳐 불살랐던 바, 그것을 본 성 안의 사람들은 늙은이나 젊은이나 증오심에 불타 이를 갈며 성 밖으로 치고 나갈 것을 바랐다.

적을 방심시킨 다음 교묘하게 허를 찌르라!

이렇게 자기 군사의 사기를 올려 놓은 다음, 전단은 다시 적을 방심시킬 계책을 강구했다. 성 안의 무장병을 모두 뒤로 감추고 노인과 여자만을 성벽에 내세워 두고 항복할 뜻을 밝혔다. 이를 본 연군의 진영에서는 기다렸다는 듯이 함성을 올렸다. 그런 다음, 전단은 성 안의 돈을 모조리 긁어 모아 즉묵의 부호를 통해 연의 장군들에게 바치면서 이렇게 말하도록 했다.

"만일 즉묵이 항복을 해도 우리들 일족의 신변을 보장해 주시도록 부탁드리겠습니다.",

이 말을 들은 연나라의 장군들은,

"적의 항복은 틀림없다."

라고 믿어 버리고 경계심을 풀었다.

이 정도의 계책을 강구한 다음, 전단은 드디어 조용히 행동을 개시했다. 먼저 성 안에서 1천여 마리의 소를 징발하여 빨간 천을 씌우고 뿔에는 칼을 감고, 꼬리에는 갈대 다발을 묶어 기름에 적셨다. 출전 준비가 되자 소꼬리의 기름에 적신 갈대 다발에 불을 당겨 일제히 밖으로 내몰았다. 미쳐 날뛰는 소들은 적진을 향해 곧바로 내달았다. 그 뒤를 결사대 5천 명이 달려들었다. 전승 기분에 젖어 방심하고 있던 연군은 이 전격 작전에 완전히 붕괴되어 패주했다.

이것이 바로 '화우(火牛)의 계(計)'라고 알려진 유명한 작전이다. 확실히 훌륭한 작전이라고 하겠다. 그러나 이 작전을 성공시킨 것은 신중하고 교묘한 준비 공작이었다. 처녀처럼 얌전한 얼굴로 가장하지만 그 이면에는 고도의 모략 활동을 전개하여, 적의 이간을 꾀하고 아군의 사기를 높여 때가 되면 일거에 달려드는, 처녀에서 탈토로의 멋진 변신이라 하겠다.

중국인을 반전공세형(反轉攻勢型)이라 하면 일본인은 선제공격형(先制攻擊型)이라고 하겠다. 선제공격형의 결점은 처음부터 탈토처럼 뛰어나가지만 가끔 중도에서 숨이 차서 두 번째, 세 번째의 행동에 이어지지 못한다는 것이다. 그러나 여기에 반전공세형의 장점을 덧붙일 수 있다면 금상첨화가 아니겠는가.

오래 끌면 장애가 많아진다

夜長夢多〈속담〉

장기전보다 단기 결전이 유리하다

'밤이 길면 꿈이 많다.'라는 말은 매우 시적인 표현이긴 하지만 그 뜻은 극히 현실적이다.

중국인은 느긋하고 침착하며 일본인은 성미가 급하다고 하면, 이 말은 느긋하고 침착한 중국인에게 경고를 하는 것이고 일본인에게는 말하지 않아도 좋은 것이라고 생각될지도 모르겠으나 사실은 그렇지가 않다. 성미가 급한 것은 '반드시'라고 할 만큼 사태 해결에 도움이 되지 않는 일이 너무나 많기 때문이다. 지나치게 느긋하여도 안 되고 너무나 성미가 급해서도 안 된다. 움직이는 적절한 때를 포착하는 방법이 어렵다.

확실히 '때를 놓치는 것은 현명한 일이 못 된다〈장자〉고 하지만 동시에 '때를 기다려 움직인다〈역경(易經)〉'는 것도 명심해 두어야 한다.

그러나 일단 움직이기 시작하면 단기에 거두어들여 수습하는 것을 목표로 하는 것이 일을 치르는 상식일 것이다. '싸움은 아무렇게나 빨리 해 치우는 것이 좋다.'라고 하여 전쟁의 관점에서 그것을 역설하고 있는 것이 〈손자〉이다.

"가령, 싸워서 승리를 한다 해도 장기전으로 들어가면 군사는 피폐해지고 사기도 떨어진다. 성을 공격하여도 전력은 바닥이 날 뿐이다. 장기간 군을 싸움터에 머물게 하면 국가의 재정이 위기에 빠진다.

이렇게 되면, 그 틈을 타서 다른 여러 나라가 쳐들어올 것이다. 이렇게 되었다가는 아무리 지혜로운 자가 있다 해도 사태를 수습하지 못할 것이다.

단기 결전에서 성공한 예는 들었으나 장기전으로 끌고 가서 성공한 예는 아직 알지 못한다. 어쨌든 장기전이 국가에 이익을 가져온 일은 없다. 그런 고로 전쟁에 의한 손해를 충분히 인식해 두지 않으면 전쟁에서 이익을 끌어내지 못한다."

일의 가부는 잠시 덮어 두고 일본이 노·일 전쟁에서 성공하였지만 태평양 전쟁에서 대실패를 한 원인이 여기에 있다고 해도 과언이 아니다. '전쟁은 흉기〈사기(史記)〉'와 같아 가볍게 마음대로 다룰 수 있는 것은 아니겠으나, 부득이 행사해야 할 사태에 몰리면 신속히 조기에 거두어 수습을 강구해야 한다. 이것은 중국인의 변하지 않는 인식이다.

권모 술수를 속에 감추고 덤벼라!

그러나 중국에는 '무위 자연(無爲自然)'이라는 정치 철학이 있다. 이것은 표면만을 보면 느긋한 처세 태도라고 생각하기 쉬우나 알맹이까지 그렇다고 생각하는 것은 엄청난 오해이다. 중국인이 말하는 '무위 자연'이란 단순한 무위가 아닌 '음모 귀계(陰謀鬼計)'의 극치로서 만만찮은 권모 술수를 속에 감춘 상태로서의 '무위'인 것이다.

수레바퀴를 예로 들어 보자. 아주 빠른 속도로 회전시키면 마치 멈추어 있는 것처럼 보이는데, 바로 그 상태가 '무위 자연'인 것이다.

싸움에 속임수는 따라다니는 법

兵不厭詐〈성어〉

이기기 위해서는 모략도 하는 수 없다

〈한비자(韓非子)〉라는 책에도 '전쟁 동안에는 사위(詐僞)도 불사한다.'라고 나와 있다. '사(詐)'라고 하든 '사위(詐僞)'라고 하든 어느 것이나 남을 속이는 것 즉 사기(詐欺)에 지나지 않는다. 먹느냐 먹히느냐의 전쟁이 되면 속임수도 작전의 하나라고 하겠다.

예를 들어 보자.

전국 시대의 일이다. 진(秦)과 위(魏)가 전쟁을 시작했다. 진나라 군의 총사령관은 상앙(商鞅)이요, 위나라를 지휘한 사람은 공자고(孔子卬)였다. 두 사람은 구면이었다. 양군이 포진하자 한 가지 계략을 생각해 낸 상앙은 공자고에게 친서를 보내어 이렇게 제의했다.

"내가 지난날 위나라에 있었을 때, 당신과 친하게 사귀고자 했습니다. 그런데 지금은 어떤가요. 서로가 적으로 갈라져 싸우게 된 몸이 되었습니다. 옛날 일을 생각하면 어쩐지 괴로운 심정입니다. 될 수만 있다면 직접 만나 뵙고 평화 조약을 맺고 기분좋게 군사를 철수하도록 하는 것이 어떻겠습니까. 그렇게 하면 귀국이나 우리나라나 안태(安泰=평안하고 태평스러운 것)하지 않겠습니까!"

공자고는 이 유혹에 빠져 서로 만나 술좌석에 앉았다. 그런데 상앙은 무장한 병사를 숨겨 두었다가 다짜고짜로 공자고를 포박했다. 위군은 대장을 잃고 전의를 상실하여 진군의 총공격 앞에 와르르 무너져 패주하고 말았다. 상앙은 적장에게 속임수를 써서 힘들이지 않고 대승리를 거둔 것이다.

상앙이 했던 방식이 치사하다면 치사하다고 할 수 있다. 사가인 사마천(司馬遷)도 '위장, 고를 속이다.' 라고 비판의 눈을 돌리고 있다. 그러나 그러한 비판은 좋은 비판이기도 하다. 왜냐하면 전쟁이란 〈손자〉도 말했듯이 '사생(死生)의 땅이요, 존망(存亡)의 길' 이다. 반드시 이겨야 하고 이기기 위해서는 속임수도 하나의 유리한 작전으로 용납되기 때문이다.

그런데 인생의 수라장이 전쟁에만 있는 것은 아니다. 정권 내부의 권력 투쟁 등도 그 중의 하나이며 여기서도 속임수 작전이 자주 쓰이고 있다. 사마중달(司馬仲達)이 그 명수라 하겠다.

사마중달은 제갈공명의 호적수로 알려져 있다. 공명과 맞설 정도였으니 그의 용병술도 일류였으나, 후에 위나라의 중신이 되어 이 속임수 작전을 써서 정적을 몰아낸 수완도 뛰어났다.

당시 최대의 정적으로 조상(曹爽)이라는 인물이 있었다. 처음에는 조상 편이 득세하여 차례로 심복들을 조정에 등용시켜 권력의 자리를 굳히기 시작했다. 눌리기 시작한 중달은 병을 이유로 삼아 집에 틀어박혀 나오지 않았다. 그러나 조상은 그런 중달의 존재가 어쩐지 께름칙해서 견딜 수 없었다. 어느 날 구실을 만들어 심복인 자를 중달의 집으로 보내 동정을 살펴보도록 했다. 중달은 나와서 인사를 받기는 했으나 백발이 헝클어지고 옷깃을 풀어헤친 채 두 시녀에게 양겨드랑이를 부축받고 있었다. 얼마 후 그는 '어―우' 하고 앓는 소리를 내면서 손가락으로 입을 가리켰다. 아마도 배가 고프다는 뜻인 듯했다. 시녀가 죽그릇을 내밀자 그는 죽그릇에 입을 대고 핥아먹기 시작했는데 입가에서 죽이 질질 흘러내려 옷깃이 온통 죽투성이가 되는 몰골이었다. 하는 이야기도 앞뒤가 맞지 않아 무슨 뜻인지도 모르게 지껄였다. 심복은 돌아가 조상에게 그대로 보고했다.

"사마공은 몹시 망령이 들었습니다. 이제 오래 살지 못할 것입니다."

안심한 조상은 중달의 존재 따위는 조금도 염두에 두지 않게 되었다. 36 계의 하나인 '가치부전(假痴不癲)의 계로 정적의 눈을 속인 중달은 드디어 기회를 잡아, 지금으로 말하면 쿠데타를 일으켜 조상과 그 일당을 일망타진, 처단하였던 것이다.

이렇게 하여 권력의 자리로 돌아온 중달은 또 다시 난제에 부딪쳤다. 역시 중신의 한 사람으로 정동 장군(征東將軍)인 왕릉(王陵)이라고 하는 자가 중달의 전제에 반대하여 반란을 일으켰던 것이다. 잘못하다간 호미로 막을 것을 가래로 막게 될지도 모른다고 생각한 중달은 이번에는 먼저 왕릉의 좌상을 천하에 포고한 후에, 귀순하면 죄를 묻지 않겠다는 뜻을 밝히고는 은근하고 공손한 친서까지 보내어 그를 달랬다. 이렇게 왕릉의 심리를 교란시킨 중달은 다시 수륙의 대군을 이끌고 토벌에 나섰다. 이렇게 되면 왕릉에게는 도저히 승산이 없다. 게다가 죄를 묻지 않겠다는 친서도 가지고 있었다. 귀순의 뜻을 굳힌 왕릉은 중달의 진으로 찾아갔다. 그러나 기다리고 있던 중달에게 붙잡히고 말았다. '이건 약속이 틀리지 않는가' 라고 항의했으나 이미 일을 그르친 후였다. 중달은 이번에도 속임수를 써서 정적을 해치운 것이다.

21

두 마리 호랑이가 싸우면 한쪽이 반드시 상처를 받는다

兩虎相爭, 必有一傷〈속담〉

어부에게 이익을 빼앗기지 말라

남이 싸우는 것을 보고 '잘 한다, 잘 한다' 하고 부추기는 것과 '쓸데없으니 그만 둬' 하고 말리는 것은 구경하는 사람의 입장에 따라 달라진다. 그러나 이러한 상황에서도 득을 보는 사람이 있게 마련인데 바로 구경하는 제 3 자이다.

왜냐하면 두 호랑이의 실력이 백중(伯仲, 지식이나 기술이 서로 비슷하여 우열이 없음을 이른다)하다면 어느 한쪽만 상하고 끝장나는 것이 아니다. 다른 한쪽도 상당한 상처를 입을 가능성이 많아서 자칫하면 함께 쓰러질 수도 있기 때문이다. 다행히 상처를 입지 않고 끝난다 해도 치열한 싸움으로 체력을 소모하여 한동안 일어나지도 못할 만큼 지치게 될 것이다.

이런 것이 소위 '어부지리(漁父之利)〈전국책〉'라는 것이다.

옛날, 조(趙)나라가 연(燕)나라를 치려고 했던 때의 일이다. 연나라 왕의 명을 받은 소진(蘇秦)이라는 인물이 조나라의 공격 계획을 중지시키려고 조왕을 설득했다.

"이곳으로 오는 길에 역수(易水)를 건너오다 보니 모래 위에 검은 조개 하나가 있었습니다. 그런데 거기에 도요새 한 마리가 날아와 그 조개를 쪼았습니다. 검은 조개는 얼씨구나 하고 주둥이를 닫아 도요새의 부리를 물었습니다. 도요새가 '네놈은 2, 3 일 비가 오지 않으면 말라 죽을 테지.' 하자 검은 조개는 질세라 '무슨 소리야. 이대로 시간이 가면 네놈이야말로 견디지 못할 것이다.' 하고 되받았습니다. 서로 버티고 양보하려고 하지 않았습니다. 그런데 그때 어부가 나타나 둘 다 잡히고 말았습니다.

자 그런데 지금 조나라는 연나라를 공격하려고 하고 있습니다. 그러나 싸움을 오래 끌어 백성이 피폐하면 진(秦)나라에게 '어부지리'를 주게 되지 않겠습니까. 아무쪼록 이런 일을 깊이 생각해 주시기 바랍니다."

"음, 과연 그럴 것 같구나."

조왕은 공격 계획을 중지했다고 한다.

타인을 싸우게 하여 승리를 거두어라

이 우화는 보통 '어부지리(漁夫之利)'로 통용되고 있으나, 〈전국책〉의 원글에 따르면 '어부지리(漁父之利)'라고 하는 것이 옳은 표현이다. 그리고 현대 중국어에서는 '어인득리(漁人得利)'라는 성어로 통용되고 있기도 하다.

어쨌든 힘들이지 않고 이익을 얻는 것이므로 이런 근사한 이야기는 흔하지 않을 것이다. 따라서 제자리에 앉아 '어부지리'를 기다릴 것이 아니라 적극적으로 '어부지리'의 기회를 만들어 내는 것이 더 좋을 듯싶다. 유명한 '이(夷)로써 이(夷)를 제압한다.'라는 외교 전략도 이에 가깝다. 이(夷)란 원래 이민족이라는 뜻이나 반드시 이민족이어야 할 필요는 없다. 적끼리 서로 싸우게 하여 자신은 상처 하나 입지 않고 '어부지리'를 차지하는 것이 바로 '이로써 이를 제압'하는 것과 같은 것이다.

　중국의 역사책을 펼쳐보면 이런 사례가 가득하다. 중국인이 만들어 낸 권모 술수 중에서도 고등 전략의 하나로 손꼽아도 좋을 것이다. 다만 서툴게 이런 술수를 썼다가는 부메랑처럼 자기에게로 되돌아올 우려가 있는 것을 잊어서는 안 된다.

22

순풍에 불을 당기면
적은 힘으로도 일을 다할 수 있다

順風吹火, 用力不多〈속담〉

바람을 기다렸다가 화공의 계략을 성공

〈삼국지〉로 유명한 삼국 시대의 일이다. 군웅들을 쳐서 쓰러뜨리고 황하 유역을 그의 지배하에 집어넣은 조조는 천하 통일의 야망을 가슴에 품고 2만여 명의 대군을 이끌고 남하하여 오(吳)의 손권(孫權)에게 도전장을 내던졌다. 손권의 막하에서는 항복파와 항전파로 나뉘어져 격론이 전개되었는데, 주유(周瑜) 등 소장파 무장들의 의견이 받아들여져 항전으로 결정되자 주유가 총사령관으로 임명되어 수군 3만을 이끌고 출격하였으며, 이에 유비(劉備*)의 군사 1만이 합류했다.

조조 군은 대함대를 거느리고 장강(長江=양자강)을 내려와 주유의 수군과 적벽(赤壁)에서 만났다. 조조 군은 북쪽 기슭에, 주

유비(劉備) : 중국 삼국 시대의 촉한의 건설자이다. 자는 현덕이다. 제갈공명, 관우, 장비를 써서 조조, 손권과 천하를 삼분하여 촉한을 건국하였다. 후에 오나라 토벌에 패하여 죽었다. 시호는 소열제(昭烈帝)이다. (161~223)

유 군은 남쪽 기슭에 진을 치고 서로 노려보고 있었다. 이때, 조조* 군은 두 가지 핸디캡을 가지고 있었다. 하나는 공교롭게도 군사들 사이에 역병이 퍼져 있다는 것이었고, 또 하나는 군사들이 모두 북방 태생이어서 수전에 서툴다는 것이었다. 그래서 군선과 군선을 밧줄로 붙잡아매어 흔들리는 것을 막았다.

대안에서 이것을 본 부장 황개(黃蓋)가 주유에게 진언했다.
"적군은 수가 많고 우리는 수가 적습니다. 지구전이 되면 승산이 없습니다. 저 적선들의 상태를 보아하니 '화공의 계' 야말로 상책인가 합니다."
"좋다."
라는 주유의 말에 황개는 곧 준비에 들어갔다. 쾌속 전선 10 척을 준비하여 선상에 마른 풀을 가득 싣고 그 위에 기름을 부어 덮개를 했다. 뒤쪽에는 탈출용의 조각배를 매달았다. 그리고는 조조에게 항복을 청했다. 그 다음에 할 일은 바람을 기다리는 일뿐이었다.
〈삼국지연의(三國志演義)〉에 의하면, 이때 유비의 군사(軍師) 제갈공명이 언덕 위에 칠성단을 만들어 놓고 '바람아, 불어라'하고 하늘에 빌었다고 하나 진위의 여부야 어쨌든, 주유 이하 제장의 생각도 마찬가지였음이 틀림없다. 바람이 불지 않는다면 화공의 성공을 바랄 수 없기 때문이다.

조조(曹操) : 중국 후한 말기의 무장(武將)이다. 자는 맹덕(孟德)이다. 황건의 난을 다스려 군공(軍功)을 세웠으며, 군웅(群雄)을 물리치고 화북(華北)을 거의 통일하여, 위왕이라 일컬었다. 적벽 대전에서 유비, 손 권의 연합군에 패하여, 중국은 셋으로 나뉘었는데, 그 아들 조 비(曹조)가 한나라에 대신하여 위나라를 세우는 기틀을 닦았다.

제장의 뜻이 하늘에 통하였는지 드디어 심한 바람이 불어왔다. 게다가 기다리고 기다리던 동남풍이었다. 황개가 지휘하는 전선 10척이 일제히 발진하여 돛에 가득히 바람을 안고 장강의 물결을 헤치고 나아갔다.

조조 군의 장병들은 함선 위에서 목을 길게 빼어 구경을 하면서,

"저것 봐라. 황개가 드디어 항복하러 오는구나."

하고 좋아했다.

그러나 앞으로 500미터 가량 다가오자 황개의 전선은 일제히 불을 당겼고, 때마침 불어오는 열풍을 받아 불덩어리가 되어 돌진해 왔던 것이다. 불은 순식간에 조조 군의 함선에 옮겨붙어, 불에 타서 죽는 자와 물에 빠져 죽는 자의 수를 이루 헤아릴 수 없었다. 제아무리 큰 함대라 할지라도 이렇게 되면 눈 깜짝하는 사이에 바다 밑 쓰레기로 사라지지 않을 수 없는 것이다.

이것이 중국 전사상에서 특히 유명한 '적벽 싸움'인데 주유가 대승한 원인은 말할 나위도 없이 바람을 기다려 화공의 계를 성공시킨 데 있다. 바로 '순풍에 불을 당기면 작은 힘으로도 일을 다할 수 있다.'라는 속담 그대로의 전술이라고 하겠다.

파도를 탈 때까지 때를 기다려라

물론 이 속담은 싸움 때 뿐만 아니라 인간이 살아가는 데 있어서도 크게 참고가 된다. 흔히 '대세를 탄다.' 또는 '파도를 탄

다.'라고 말할 때가 있는데 그럴 때에는 하는 일이나 생각하는 일이 잘 되고 효과도 좋다. 긴 인생에 있어서는 누구나 그런 일이 한 번이나 두 번은 찾아오는 듯하다. 그러한 파도를 잘 타는 자가 결국은 인생에 승리할 것이다.

그러나 그런 파도는 여간해서 잘 찾아오지 않는다. 그럴 때에는 어떻게 할 것인가. 〈맹자(孟子)*〉에 이런 말이 있다.

> "지혜가 있다 해도 대세를 타는 것만 같지 못하고, 자기(滋基)가 있다 해도 때를 기다리는 것만 같지 못하다."〈맹자〉

자기란 금속제의 가래를 말한다. 아무리 훌륭한 도구를 가졌다 해도 때가 오지 않으면 성공은 어렵다는 뜻이다.

주위의 정세 따위는 아랑곳하지 않고 무턱대고 돌진하려는 사람이 있다. 이래서는 조만간에 지쳐버려 참패를 면하지 못할 것이다. 참을성있게 때를 기다려 파도를 타려고 하는 중국인의 자세를 배워야 할 것이다.

맹자(孟子) : 사서의 하나로서, 맹자가 공자의 도(道)와 인의(仁義)를 설하고, 혹은 왕도(王道)를 펴려고 여러 나라를 두루 다닐 때에, 제후 및 제자들과 문답한 내용이 기록되어 있다. 양혜왕(梁惠王), 공손 추(公孫丑), 등문공(藤文公), 이루(離婁), 만장(萬章), 고자(古子), 진심(盡心)의 7편으로, 모두 14권으로 되어 있다.
맹자는 중국 전국 시대의 철인으로 이름은 가(軻), 자는 자여(子輿), 자거(子車)이며 산동성(山東省) 추(鄒) 사람이다. 공자와 함께 효제(孝悌)의 도덕을 바탕으로 하는 것이나 적극적인 성선설(性善說)을 주창하였다.

23

호랑이도 졸 때가 있다

老虎也有打眠時〈속담〉

호랑이의 위세를 빌린 여우의 지혜를 배워라

백수의 왕이라면 사자로서 그 자리가 정해져 있다. 그러나 중국에는 사자가 없었으므로 예부터 호랑이가 그 자리를 맡고 있다. 중국인에게 있어 가장 무서운 동물이 호랑이었던 것이다. 따라서 호랑이에 관한 이야기는 고전 속에도 많이 나온다. 여기에 두 가지 이야기를 소개할까 한다.

첫째, 〈전국책(戰國策)〉에 보면,

초(楚)나라 선왕(宣王)이 중신들을 모아 놓고 이렇게 물었다.

"북방의 여러 나라가 우리 재상인 소계휼(昭 恤)을 두려워하고 있다고 들었는데 그게 사실인가?"

강을(江乙)이라는 자가 앞으로 나와 대답했다.

"호랑이는 짐승이라는 짐승은 어느 것이나 잡아먹습니다. 어느 때는 여우를 한 마리 잡았습니다. 그러나 여우도 여간이 아니어서 '잠깐, 나는 천제(天帝)로부터 백수의 왕으로 임명된 몸이다. 네가 나를 잡아먹으면 천제의 명을 거역한 것이 된다. 거짓말이라고 생각되면 나를 따라오너라. 나를 보면 누구나 도망갈 테니.' 어디 보자 하고 호랑이는 여우 뒤를 따라갔습니다. 과연 만나는 짐승은 모두가 도망을 쳤습니다. 사실은 호랑이가 무서워서 도망을 친 것이었는데, 호랑이는 그것을 알아차리지 못하고 여우가 무서워서 도망치는 것으로 생각했습니다.

"그런데 우리 나라는 사방이 5천 리나 되는 대국인 데다 백만의 무장 군사를 가지고 있습니다만 그것을 모두 소계휼에게 맡기고 있습니다. 북방의 여러 나라들이 무서워하는 것은 소계휼이 아닌 이 무장 군사입니다. 그것은 마치 짐승들이 무서워한 것이 여우가 아니고 호랑이었던 것과 마찬가지라 하겠습니다."

유명한 '호랑이의 위세를 빌린 여우(狐假虎威)'의 이야기이다.

어떤 강자에게도 반드시 약점은 있다

또 하나는 〈예기(禮記)*〉에 나오는 이야기이다.

예기(禮記) : 오경의 하나로 예(禮)의 이론과 실제를 기술한 책이다. 한 무제 때 하간(河間)의 헌왕(獻王)이 공자와 그의 제자 및 그 이후의 여러 학자들이 지은 131편의 고서(古書)를 수집 정리하였고, 선제(宣帝) 때에 유향(劉向)이 서술 보충하여 214편으로 하였다. 뒤에 대 덕(戴德)이 이것을 정리하여 85편으로 만든 대대례(大戴禮)와 그의 아우 대 성(戴聖)이 다시 줄여 49편으로 만든 소대례(小戴禮)가 있다.
주례(周禮), 의례(儀禮)와 아울러 삼례(三禮)라 한다.

어느 날, 공자가 제자들과 함께 태산 기슭을 지나갔다. 그 때, 우연히 한 부인이 어떤 무덤가에서 소리없이 엎드려 울고 있는 것을 보았다. 공자는 수레의 가로대에 기대어 서서 그 부인의 울음 소리에 귀를 귀울이고 있다가 제자인 자로(子路)를 부인에게 보내 그 까닭을 물어 보도록 했다.

"그 울음은 보통이 아닌 것으로 생각됩니다. 까닭을 말씀해 주시지 않겠습니까?"

"네, 전에는 시어머니가 그리고 얼마 전에는 남편이, 그런데 이번에는 아들마저 호랑이에게 잡혀먹고 말았습니다. 그래서 울고 있습니다."

"그런데 왜 이사를 가지 않습니까?"

"여기에 살면 세금을 물지 않습니다."

이 말을 들은 공자는 제자들에게 말했다.

"잘 들어라. 혹정은 호랑이보다 무서운 것이다."

이 두 가지 이야기에서 호랑이가 중국인에게 얼마나 무서운 존재였는지를 알 수 있을 것이다.

호랑이는 중국인에게 있어 강력한 존재의 상징이었다. 그러한 강력한 존재로부터 거침없는 도전을 받았을 때에는 어떻게 할 것인가. 목숨을 버릴 각오로 정면으로 당당하게 달려든다면, 이것은 일본인의 미학으로 볼 때, 매우 남자다운 태도라고 하겠으나 중국인에게 그것은 '폭호빙하(暴虎馮河)' 즉 필부의 용기에 지나지 않는다고 하여 경멸의 대상밖에는 되지 않는다.

그들은 어떤 강대한 존재일지라도 아킬레스건이 있으며, 어떤 강폭한 상대에게도 약점이 있는 법이라고 생각하고 있어서 바로 그곳을 찾아내어 물고 늘어진다. 이렇게 하면 이길 확률은 극히 높아지고, 이기는 데 있어서도 효율이 높은 승리 방법이라고 생각하고 있기 때문이다.

24

충실한 전력으로
피로한 적을 기다린다

以逸待勞〈성어〉

적군의 피로를 기다려 나가라!

'일(逸)로써 노(勞)를 기다린다.' 여기에서 '일'이란 원기 왕성, '노'란 지친다는 뜻이다. 원래는 〈손자〉군장편(軍長篇)에 나오는 말로 오늘날에도 성어로서 그대로 통용되고 있다. 중국식 병법의 핵심이라 하겠다.

명장(名將), 지장(知將)이라고 일컬어지는 사람들은 함부로 싸움을 걸지 않는다. 반드시 '일로써 노를 기다린다'는 말을 명심하고 있기 때문이다. 적이 '일'이고, 내가 '노'라면 어떻게 할 것인가. 충분히 태세를 갖추고 때를 기다려서 조건이 갖추어지면 그때서야 단번에 해치운다.

중국의 전사(戰史) 가운데서 하나만 예를 들어 볼까 한다.

삼국 시대의 일이다. 촉한(蜀漢)의 유비가 수륙 수십만 대군을 이끌고 오의 영내로 침공했다. 장강을 따라 쳐내려가는 길이었으므로 진격의 스피드도 빨랐다. 그런 중에, 7백 리에 걸쳐 수십의 둔영(屯營)을 설치하면서 순식간에 이릉(夷陵)까지 쳐들어가서 일시에 오나라의 본거지를 공격할 기미를 보였다.

이들을 맞아 싸울 오나라 군의 총사령관은 육손(陸遜)이었다. 5만의 군사를 이끌고 수비 태세를 단단히 갖추었다. 처음에 적군이 이릉까지 왔다는 것을 알고 휘하의 장군들은 모두가 서둘러 출전 준비에 들어갔다. 그러나 육손은 이렇게 말하며 그들을 막았다.

"기다려라. 유비는 전군을 이끌고 공격해 왔으니 그 기세를 당하기 어렵다. 더욱이 요해의 땅에 포진하고 있으므로 깨뜨리기는 더욱 어렵다. 혹시 공격해서 이긴다 해도 전멸시킬 수는 없을 것이다. 만약 공격하였다가 실패라도 하게 되면 회복할 수 없는 사태를 초래하게 되고 말 것이다. 잠시 아군의 사기를 돋구고 만반의 준비를 갖추면서 정세의 변화를 살피며 기다리는 것이 옳을까 한다. 이 근처가 평탄한 평지라면 군사가 전개되어 수습하지 못할 난전이 될 우려도 있겠으나, 적은 산을 따라 진격해 오고 있으므로 전개도 쉽게 되지 않을 것이다. 산길을 행군하면 자연히 피로도 더할 것이다. 우리는 차분히 기다리면서 적이 피로하기를 기다리기로 한다."

바로 '일로써 노를 기다린다' 는 작전이다. 그러나 휘하의 제장들은 육손의 의도를 이해하지 못했다. 적의 기세에 겁을 먹었다고 오해하고 모두가 불평을 터뜨렸다.

기회라 생각되면 단번에 해치워라!

이렇게 수 개월이 지났다. 육손은 드디어 총반격을 결의했다. 그런데 이번에는 휘하 장수들이 입을 모아 중지할 것을 진언했다.

"공격을 하려면 공격해 온 순간에 쳐야 했을 것입니다. 이미 적은 5, 6백 리나 깊숙이 우리 영내로 침입한 데다 여러 곳의 요충지를 점령하여 수비를 굳힌 지 7, 8 개월이나 지났습니다. 지금 싸운다 해도 승산은 없습니다."

그러자 육손은,

"유비는 천군 만마 싸움의 명수다. 쳐들어왔을 당시에는 충분히 작전을 세우고 있었을 것이므로 정면으로 싸워서는 승산이 없었다. 그러나 지금은 전선이 교착 상태에 들어갔고, 적의 병사들은 피로하여 사기도 떨어져 있다. 따라서 국면을 타개할 묘책도 없을 것이다. 적을 포촉 선멸할 기회는 바로 지금이다."
라고 장수들의 반대를 무시하고 유비의 본영에 총공격을 감행하여 단번에 격파했다. 촉한군은 대패하였고 유비는 간신히 목숨만 건져 백제성으로 달아났다.

이것은 중국 전사에서 유명한 '이릉의 싸움' 의 전말이다. 육손은 '일로써 노를 기다린다.' 다시 말하면 첫째, 아군의 태세를 굳힌다. 둘째, 상대의 피로를 기다린다. 셋째, 기회를 포착하여 단번에 친다는 작전으로 거뜬히 유비의 대군을 격파했던 것이다.

25

실을 피하고 허를 찌른다

避實擊虛〈손자〉

중앙 돌파를 시도하는 것은 가장 어리석은 일

사고 방식이나 행동 양식에 있어서 일본인은 직선적이고 중국인은 곡선적이라고 하겠다. 어떤 장애에 부딪치는 경우, 일본인은 '부딪쳐서 깨진다.' 라는 식으로 중앙으로의 강행돌파를 시도하려고 한다. 이런 방법은 설사 성공했다 하더라도 상당한 희생을 각오해야 한다. 그러나 중국인이라면 어떻게 했을까. 대부분의 경우 무리한 강행은 피하고 우회 작전을 시도할 것이다. '실을 피하고 허를 찌른다' 는 말도 이런 연유에서 나왔을 것이다. 〈손자〉는 이것을 물이 흐르는 것에 비유하고 있다. 물은 저항을 피하여 낮은 곳으로, 낮은 곳으로 흘러간다. 용병(用兵)도 이 물과 마찬가지여서 충실한 적은 피하고 상대의 허를 찔러야 한다고 〈손자〉는 말했다. 바로 이것이다 하면 확실히 패할 확률은 적다. 유연하고 또한 견실한 싸움 방법이라고 하겠다. 이 전형적인 예를 촉한의 군사(軍師)인 제갈공명의 전투 방법에서 볼 수 있다. 〈삼국지연의〉에 등장하고 공명은 지혜로 뭉친 인물로서 신출 귀몰한 용병술을 보여 주고 있으나, 실제로는 공명 자체를 그런 신과 같은 군사라고 보기보다는 실로 건실한 용병(用兵)을 할 줄 아는 군사로 보는 것이 타당할 것이다. 바로 그런 점에서 그를 중국인의 전형이라 해도 좋을 것이다. 그가 촉한의 황제 유선(劉禪)에게 출사표를 바치고 북정의 군사를 일으켰을 때의 일이다. 애당초 촉한의 총력을 기울인 진공작전이었다. 우선의 목표는 장안(長安)이었고 그곳을 함락시킨 뒤에는 다시 한나라의 구도(俱都)인 낙양(洛陽)의 탈환을 시도하는 것이 그 다음의 목표였다. 촉한 군은 남정(南鄭)까지 진출하여 그곳에서 중요한 작전 회의를 열었다. 그때, 위연(魏延)이라는 부장이 중앙 돌파책을 진언했다.

"아무쪼록 이 사람에게 정예 5천만 빌려 주십시오. 그까짓것 10일이면 넉넉합니다. 공께서는 본대와 함께 사곡에서 장안을 향해 공략하십시오. 20일 후에는 장안성 안에서 함께 술잔을 나누게 될 것입니다."

직선적으로 장안을 치려고 하는 것이었다. 그러나 공명은,

"아니오. 그것은 너무나 위험하오. 나는 적의 방비가 허술한 농우부터 진공하도록 하겠소. 그렇게 하면 패할 걱정은 없소. 반드시 이길 것이오."

라고 하여 위연의 계책을 물리치고 대우회 작전을 감행했다.

실을 피하고 허를 찌르는 유격 전법

위연의 계책을 예를 들어 말하자면, 홈런이냐 삼진이냐 하는 승부수였는데 비해 공명의 계책은 포볼로 출루한 주자를 번트로 보내고 히트 앤드 런으로 불러들이려는 착실한 작전이었다. 백 퍼센트의 안전 승리를 생각하고 있는 공명 쪽에서 보면 위연의 작전은 모험 이외에는 아무것도 아니었다.

'실을 피하고 허를 찌른다'는 것을 실행한 사람은 손자나 공명만이 아니다. 가까운 예를 보면, 모택동도 그러했다. 만년의 모택동은 파킨스씨병을 앓아 '사인방*'의 횡포를 허락하는 동시에 자신의 평가도 절하시켰으나, 장년기에는 그가 지휘했던 항일 전쟁에서 '유격전'이라는 독특한 전법을 고안해 내어 일본군을 괴롭히기도 했었다. '유격전'의 핵심이 '실을 피하고 허를 찌르는' 데 있었던 것은 말할 것도 없다. 이판사판으로 중앙 돌파를 시도하느냐, 아니면 '실을 피하고 허를 찌르느냐'를 생각함에 있어 그때의 조건에 따르는 것은 물론이지만 양자 택일에 몰렸을 경우 다분히 일본인은 전자에 기울 것이며 중국인은 후자를 선택할 것이 틀림없다.

사인방(四人幇) : 충국 공산당 중앙 위원회 정치국 상임위원 겸 국무원 부총리 장춘차오(長春橋), 중국 공산당 중앙 위원회 정치국 위원인 장칭(江靑), 야오원위안(桃文元) 등 4인의 소위 반당집단(反黨集團)을 말한다.

26

36계 중에서
줄행랑치는 것이 상책

三十六計走爲上計 〈격언〉

달아나는 것은 패배가 아니다

'36계, 뛰는 것을 상계(上計)로 한다.' 달아나고 달아나고 또 달아나는 동안에, 어느 사이엔가 천하를 수중에 넣게 된 사람이 중국의 한나라 고조 유방(劉邦)이다. 굳이 최근의 예를 본다면 모택동도 이 중에 들어간다고 하겠다. 수라장 속을 뚫고 큰일을 이루는 자를 보면 도망다니는 기술도 탁월하다. 같은 도망이라 해도 싸움에 져서 달아나는 것과 싸우지도 않고 달아나는 두 가지 경우가 있는데, 여기서 말하는 것은 물론 후자 쪽이다. 그러면 무엇 때문에 달아나는 것이 상계인가.

원래 '승산 없는 싸움은 하지 않는다'는 것이 〈손자〉를 비롯한 중국식 병법의 기초 인식이다. 달아나서 전력을 온전히 보존해 두면 언젠가는 승리의 날이 올 수 있다는 뜻이다. 따라서 달아나는 것은 결코 패전 사상이 아니다. 오히려 승리를 노린다는 점에서는 극히 소극적인 전략일 뿐이다. 덧붙여서 '36계' 란 어떤 것인가 열거해 보기로 하겠다.

적에게 이기는 36가지 계략

1. 만천과해(瞞天過海)
하늘을 속이고 바다를 건너다.
속임수를 써서 상대의 판단을 현혹시킨다.

2. 위위구조(圍魏求趙)
위를 포위하여 조를 구한다.
위나라 군에게 포위된 조나라의 수도를 구하기 위해 허술해진 위의 본거지를 습격하여 포위를 풀게 한 손빈(孫殯)*의 작전.

3. 차도살인(借刀殺人)
남의 칼을 빌려 사람을 죽인다.
제 3자를 부추겨서 상대를 친다.

4. 이일대로(以逸待勞)
일로써 노를 기다린다.
충실한 전략으로 적이 지칠 때를 기다려 공격한다. 〈손자〉에 있다.

5. 진화타겁(趁火打劫)
불난 것을 틈타 빼앗는다.
상대의 약점을 찔러 공격한다.

손빈(孫殯) : 중국 전국 시대 제(齊)나라의 병법가이다. 손무(孫武)의 후손으로 귀곡선생(鬼谷先生)에게서 신비한 병법을 배워 기원전 367년경 위(魏)나라 군사를 계릉(桂陵)에서 크게 이기고, 기원전 353년 조(趙)나라를 도와 위나라 군사를 재차 하남 대량(河南大梁)에서 격파하여 그 명성이 높았다.

6. 성동격서(聲東擊西)

동쪽으로 소리 질러 서쪽을 친다.

7. 무중생유(無中生有)

무에서 유를 만든다. 없으면서 있는 체하여 판단을 흐리게 한다.

8. 암도진창(暗渡陳倉)

몰래 진창(陳倉)으로 건너간다.

한나라의 고조가 항우(項羽)와 천하를 가름하는 사투를 벌였을 때, 진창(지명)을 탈취하여 처음으로 우세한 위치에 서게 된 작전.

9. 격안관화(隔岸觀火)

강 건너 불구경한다.

남의 위기를 방관한다.

10. 소리장도(笑裏藏刀)

웃음 뒤에는 칼을 감추고 있다.

우호적인 태도로 접근하여 상대의 경계심을 풀게 한다.

11. 이대도강(李代桃橿)

오얏나무가 복숭아나무를 대신해서 쓰러지다.

가죽을 베어서 뼈를 잘라 버리는 작전.

12. 순수견양(順手牽羊)

손이 하는 대로 양을 끌다.

적의 허점을 찔러 악착스럽게 전과를 확대하는 책략.

13. 타초경사(打草驚蛇)

풀을 쳐서 뱀을 놀라게 한다.

첩자를 넣어 상대의 움직임을 살펴서 아는 책략.

14. 차시환혼(借屍還魂)

시체를 빌려서 혼을 돌려보낸다.

이용할 수 있는 것은 무엇이든지 이용하여 세력 확대를 꾀한다.

15. 조호이산(調虎離山)

호랑이를 길들여 산을 떠나게 한다.

적을 유인해 내어 그 틈에 공격한다.

16. 욕금고종(欲擒故縱)

사로잡으려면 한동안 놓아 준다.

상대가 달아나는 대로 두었다가 힘이 빠지기를 기다린다.

17. 포전인옥(抛塼引玉)

벽돌을 던져서 구슬을 끌어온다.

새우로 도미를 낚는다.

18. 금적금왕(擒賊擒王)

적을 사로잡으려면 왕을 사로잡아라.

적의 주력을 괴멸시키는 작전.

19. 부저추신(釜底抽薪)

가마 밑바닥에서 장작을 빼낸다.

상대의 가장 중요한 인물을 겨냥하여 죽인다.

20. 혼수모어(混水摸魚)

물을 휘저어 물고기를 더듬어 잡는다.

상대의 내부 혼란을 틈타 승리를 취하는 책략.

21. 금선탈곡(金蟬脫殼)

의표(意表) 찌르는 탈출 작전.

22. 관문착적(關門捉賊)

문을 닫고 적을 잡는다.

포위한 적을 일망 타진하는 책략.

23. 원교근공(遠交近攻)

먼 나라와 동맹하여 가까운 이웃나라를 친다.

24. 가도벌괵(假途伐虢)

길을 빌려 괵을 친다.

옛날 진(晉)나라가 우(虞)나라에서 길을 빌려 괵나라를 치고 그 다음 우나라마저 쳐서 멸망시킨 전략.

25. 투량환주(偸梁換柱)

대들보를 훔쳐 기둥을 바꾼다.

슬쩍 알맹이를 바꿔 치우다.

26. 지상매괴(指桑罵槐)

뽕나무를 가리키며 느티나무를 욕한다.

공자를 비판하나 실은 주은래를 비판하는 것과 같다. 빈정대기 작전.

27. 가치부전(假痴不癲)

바보인 것처럼 가장하나 실은 바보가 아님.

고양이가 발톱을 감추고 있는 것과 같은 작전.

28. 상옥추제(上屋抽梯)

지붕에 올려 놓고 사다리를 떼어 버린다.

29. 수상개화(樹上開花)

나무 위에 꽃을 피운다.

소병력을 대병력같이 보이게 하는 책략.

30. 반객위주(反客爲主)

손이 오히려 주인이 된다.

주도권을 탈취하는 책략.

31. 미인계(美人計)

미인의 계. 미인을 보내 농락한다.

32. 공성계(空城計)

빈 성의 계. 성을 비워 적을 의심케 한다.

제갈공명이 고안한 작전

33. 반간계(反間計)

반 간의 계. 적의 첩자를 이용하여 상대를 이간질하는 책략.

34. 고육계(苦肉計)

고육의 계. 일부러 자신을 괴롭혀 적의 눈을 속이는 책략.

35. 연환계(連環計)

연환의 계. 차례로, 연속적으로 거는 책략.

36. 주위상(走爲上)

달아나는 것이 상책이다.

〈손자〉의 병법으로부터 민간의 속담, 속어의 유례까지, 중국인이 애용하는 권모 술수의 솜씨가 일단 망라되었다고 하겠다. 그 중에는 뜻을 잘 알 수 없는 것도 섞여 있어서 약간 잡다한 경향이 없는 것도 아니나 그 나름대로 응용의 범위도 넓은 것 같다.

27

용서하려면 두들기지 말라
두들기려면 용서하지 말라

容情不下手 下手不容情〈속담〉

상대를 몰아세우려면 끝까지 두들겨라

댓구를 이루고 있는 이 속담에서 특히 뜻이 있는 것은 '두들기려면 용서하지 말라.'라고 하는 대목이다. 가혹한 경쟁 사회에서 수라장을 헤치고 살아남으려면 역시 이 정도의 각오는 필요한지도 모른다. 지난날, 노신(魯迅)이 개혁파의 우유 부단을 개탄하면서 '물에 빠진 개는 심하게 두들겨라'라고 질타한 것은 1920년대의 중국이었으나, 최근의 탈권 투쟁의 맹렬함도, 중국인이 가지고 있는 이러한 격렬한 일면을 생각지 않고는 그들을 이해하지 못한다. '두들기려면 용서하지 말라.'라고 한 것은 말할 것도 없이 살아남은 상대가 어느 날엔가는 힘을 되찾아 보복을 가해 올 우려가 있기 때문이다. 그러므로 두들기려면 철저하게 숨통을 끊어 놓아야 한다는 것이다. 그것을 게을리하여 일신의 파멸을 초래한 것이 '와신상담(臥薪嘗膽)'의 고사로서 유명한 오왕 부차(吳王夫差)의 이야기이다.

치욕을 씻다

옛날, 오왕 부차는 숙명의 적수인 월왕 구천(越王句踐)의 대군을 맞아 싸워 대승하여, 패주한 구천을 회계산으로 몰아 두터운 포위진을 치고 마지막 마무리에 들어갔다. 도망갈 길을 끊긴 구천은 하는 수 없이 사자를 보내 화의(和議)를 청했다. 부차는 그 화의를 받아들이려 했으나 신하인 오자서(伍子胥)가 반대했다.

"하늘이 월나라를 우리에게 주셨습니다. 인정은 필요없습니다."

사자는 화평 공작에 실패하고 돌아가 그 사실을 보고했다. 구천으로서는 최후의 결단을 내리지 않을 수 없었다. 그것을 보고 중신들이 진언했다.

"성급하게 행동하실 것이 아닙니다. 오왕의 측근에 백희(白嚭)라는 욕심 많은 자가 있습니다. 그에게 후한 뇌물을 주면 뜻이 이루어질지도 모릅니다."

구천은 '그거, 그럴 듯하구나.' 라고 생각하여 미녀와 보석을 은밀히 백희에게 보내 공작을 시켰다. 부차의 마음은 화의 쪽으로 크게 기울어졌다. 그것을 보고 또 오자서가 진언했다.

"지금 끝장을 내지 않으시면 반드시 후회하실 날이 올 것입니다. 구천은 현명한 임금입니다. 게다가 그의 신하 중에는 문종(文種), 범려(范蠡)라는 걸출한 인물이 있습니다. 살려 두면 언젠가는 우리 나라에 우환이 될 것입니다."

　그러나 부차는 들으려고도 하지 않고 항복을 받아들여 군사들을 거두어 철수했다. 용서를 받은 구천은 그 후로 항상 말린 쓸개를 곁에 두고 핥아서 쓴맛을 보면서 '구천아, 회계의 치욕을 잊지 말아라.' 라고 자신에게 꾸짖으며 복수의 일념을 새롭게 했다. 이렇게 한 지 20년, 국력이 충실해진 월은 드디어 원나라를 쳐서 격파하여 설욕했다. 부차는 최후의 마무리 단계에서 인정에 끌린 것이 화근이 되어 되살아난 상대에게 역습을 당하는 지경에 이르렀던 것이다.

28

어리석은 자는 일이 생긴 후에도 지혜가 나오지 않으나 현명한 자는 미연에 살펴서 안다

愚者暗干成事, 智者見于未萌 〈속담〉

싸우지 않고 이기는 것만이 최상의 책

'우(愚)자는 일을 이룸(成事)에 있어 어둡고, 지(智)자는 미맹(未萌)에 본다.' '성사'란 이미 성취한 일을 말하며, '미맹'이란 아직 형태도 나타나지 않은 상태를 지칭한다. 미맹에도 살펴 알 수 있는 사람을 어째서 '지자'라고 말할 수 있는가. 예상되는 새로운 사태에 언제나 즉응(卽應)할 수 있는 대책을 세워, 사전에 준비를 갖추어 둘 수 있기 때문이다. 그렇게 하면, 위험을 피하고 안전을 도모할 수 있는 확률이 확실히 높아지기 때문이다. 〈손자〉가 힘주어 설파한 '싸우지 않고 이긴다.'는 고등 전략도 미맹에 살펴 앎으로써 비로소 가능하게 되는 것이다.

"최상의 책략은 적의 의도를 간파하여, 그것을 사전에 봉쇄하는 일이다. 그 다음은 적의 동맹 관계를 끊어 고립시키는 일이다. 세 번째는 전화(戰火)를 교환하는 일이며, 최저의 책략은 적의 성을 공격하는 일이다. 즉 성을 공격한다는 것은 있는 수단을 모두 강구한 다음에 부득이 사용하는 최후의 수단이다.(모공편=謀攻編)"

〈손자〉에 의하면, 용전 감투(勇戰敢鬪)는 바람직하지 못한 전쟁 방법이다. 왜냐하면 이겼다 해도 아군의 손해가 너무나 크기 때문이다. 손해를 보지 않고 이기는 것 즉 미연에 알아차려 예비 조치를 강구하는 것이 최선의 방법이다.

충분히 예상을 세우고 싸울 것

이것은 무도(武道)의 극의(極意)와도 상통한다고 하겠다. 말하자면, 중국유권법(中國流拳法)의 태극권이다. 요즈음의 태극권은 오로지 건강 체조로서 보급되고 있다고 하나 원래는 어엿한 격투기였다. 이 태극권의 참뜻에 대해 〈권론(拳論)〉이라는 책에는 '그가 움직이지 않으면 나도 움직이지 않는다. 그가 조금 움직이면 나는 먼저 움직인다'라고 나와 있다. 즉 상대가 움직일 것을 미리 알아차려 그 기선을 제압하고 움직인다는 뜻이다. 더욱이 그것을 체득하는 데는 2, 30년이나 수련이 필요하다고 하니 상상 밖이다. 어쨌든 그 안목은 상대의 움직임을 살펴 알아차리는 일이다. 미연에 상대의 움직임을 알아차리려면 무도의 경우 오랜 수련이 따르지만 일반적으로는 면밀한 조사 연구를 기다리는 것밖에 없다. 여기서 장기적 안목을 둔 기초 연구가 필요하게 된다. 이것을 성립시키기 위해서 첫째로는 자본 둘째로는 자세가 문제된다. 그러면 상대의 의도를 봉쇄하지 못하고 부득이 개전을 해야 할 경우에는 어떻게 할 것인가. 싸움을 걸어 올 때, 그 싸움을 받아들이지 아니할 수 없는 경우가 있다. 부득이 그렇게 된 경우라도 함부로 싸움을 시작해서는 안 된다. 애초부터 정확히 예측을 하고 싸워야 한다고 〈손자〉는 말했다.

> "전쟁의 예측은 싸우기에 앞서 세워져 있어야 한다. 이기느냐 지느냐는 미리 예측한 것의 여하에 달려 있다. 승리할 예측이 확실하면 이기게 되나 애매하면 승리는 어렵게 된다. 하물며 예측을 세울 생각조차도 하지 않는다면 이길 리가 있겠는가."(시계편=始計篇)

미맹에 살펴 알게 되는 것은 매우 어려운 일이겠으나 예측을 세우는 것 정도는 우리들 범인(凡人)도 못하는 것은 아니다. 그러나 이것도 싫어하는 사람이 많다.

물을 뒤로 하고 진을 친다

背水之陣〈사기〉

한신(韓信)이 쓴 기이한 책략－강을 뒤로 하고 싸우다

'배수(背水)의 진을 치고 마지막 한판을 벌인다.' 고 하는 글이 신문이나 잡지 등에 가끔 등장한다. 그 만큼 '배수의 진' 이라는 말은 널리 알려져 있다. 이는 말할 것도 없이 막다른 곳에 몰린 자가 결사의 태세로 반격을 시도할 때 쓰이는 말이다. 그렇다면 이 말은 중국인보다도 우리가 더 좋아하는 말인 것처럼 생각된다. 왜냐하면 궁지에 몰린 자의 비창감(悲愴感)이 어디엔가 풍기고 있기 때문이다. 중국인에게는 궁지에 몰린 비창감이라는 것이 없다. 첫째로 그들은 그런 막다른 곳까지 몰리기 전에 무엇인가 수단 방법을 강구하여 궁지에 몰리는 상황을 피하도록 노력할 것이다. 때가 불리하여 궁지에 몰리게 되면 어떻게 할 것인가. 가령 그렇게 되었다 해도 비창감을 나타내고 허둥지둥하지는 않을 것이다. 비교적 담담한 심경으로 정황을 판단하면서 조

용히 탈출할 계략을 강구할 것이다. 이것은 '배수의 진'의 고사
를 보면 한층 더 확실해진다.

  옛날, '사타구니 아래를 기어 나간' 이야기로 유명한 한신(韓
信)이라는 무장이 있었다. 이 한신이 한나라의 왕인 유방의 명을
받고 조나라를 공격했을 때의 일이다. 한신의 군사는 불과 2, 3
만이었고, 이에 비해 조나라 군은 20만이나 되었다. 게다가 견고
한 요격 태세를 갖추고 한신의 군사를 기다리고 있어서 정면으
로 대결했다가는 도저히 승산을 기대할 수 없었다. 한신은 총공
격 전야에 2천의 경기병을 선발하여 장병 전원에게 붉은 기를 들
게 하고 조나라 군의 측면에 있는 산속으로 잠입시키고는,
  "내 말을 잘 들어라. 내일 싸움에서 우리 군사는 거짓 패주한
다. 적은 성을 비우고 우리를 추격해 올 것이다. 제군은 그 틈에
성안으로 들어가 조나라 기를 내리고 한나라의 붉은 기를 올려
라."
라고 일렀다. 그리고 병력 1만을 나누어 조나라 군의 앞을 흐르
는 강을 뒤로 하고 포진시켰다. 이렇게 해 두고 한신은 동이 트
자마자 몸소 본대를 이끌고 조나라 군을 공격하기 시작했다. 이
것을 보고 조나라 군은 성문을 열고 응전을 했다. 한신은 때를
보아 퇴각을 명령하고 재빨리 강가의 진으로 달아났다. 조군이
일제히 성에서 몰려나와 추격하여 맹렬하게 공격해 왔다. 어쨌
든 한신의 군사들은 강을 뒤에 두고 있으므로 더 이상 달아날 곳
이 없었다. 따라서 병사들은 결사적으로 저항할 수밖에 없었고
우세한 조나라 군도 더 이상 어찌하지 못하고 지치고 말았다. 그

사이에 조나라의 성은 한신의 별동대에 의해 점거되어 성벽에는 붉은 기 2천 개가 펄럭이고 있었다. 이것을 안 조나라 군은 갑자기 동요하기 시작했다. 그도 그럴 것이 정면의 적을 포기하고 물러가려고 해도 본영이 이미 적의 수중에 들어가 있었기 때문이었다.

죽음을 각오하면 살 수 있다

이렇게 하여, 조나라 군은 대열이 흩어져 도망쳐 달아나고 한신의 작전은 성공했다. 싸움이 끝나자 부장들이,

"병법에는 산을 뒤로 하고, 물을 앞으로 하여 싸우라고 했습니다. 그런데 이번 싸움은 물을 뒤로 하고 싸웠는데도 이겼습니다. 우리는 도저히 그 까닭을 모르겠습니다." 라고 묻자 한신은 이렇게 대답했다.

"그 이유로는 '죽음을 각오해야 비로소 살 수 있다.' 라고 병서에도 있지 않은가. 그것을 응용한 것이 이번의 '배수의 진' 이다. 어쨌든 우리 군사는 여기저기서 모아 온 군사이기 때문에 이를 생지(生地)에 두었다가는 산산이 흩어져 버릴 우려가 있었다. 그래서 일부러 사지(死地)에 몰아넣어 보았다."

이 일화가 '배수의 진' 이란 말이 나온 경위이다. 중국인에게 있어서 막다른 골목에 몰려서 '배수의 진' 을 부득이하게 되는 것은 하책(下策) 이외에 아무것도 아니다.

30

위험을 피하려면
멈추는 것을 알아야 한다

知止所以不殆〈노자〉

무턱대고 진격하는 것이 능사가 아니다!

〈삼국지〉의 주인공의 한 사람인 조조는 당대에 위 왕조의 기반을 만든 인물로서 '치세의 능신, 난세의 간웅'이라고 일컬어진 바와 같이 중국 역사상 드물게 보이는 걸물이었다. 작가인 노신도,

"조조라고 하면 곧 〈삼국지연의〉를 연상하고 또한 악역을 도맡아서 무대에 등장하는 간신을 연상하기 쉽겠으나 이것은 조조를 관찰하는 올바른 방법이 아니다…… 사실 조조는 극히 유능한 인물이었으며 적어도 하나의 영웅이었다."라고 평하고 있다.

어떤 점이 그렇게 뛰어났는가 하면 첫째, 과감한 인재 등용을 시도했고 둘째, 전략 전술에 능했으며 셋째, 결단력이 풍부했다는 것 등 이외에도 여러 가지를 들 수 있겠으나, 그 중에서도 형세가 불리하다고 판단되면 결코 무리를 하지 않고 과감히 철수

작전으로 바꾸었다는 것이다. 즉 '멈추는 것을 알고 있다.'는 것에 그의 참가치가 있다고 생각된다. 스스로 군사를 이끌고 한중(漢中)으로 쳐들어갔을 때의 일이다. 평정 작전을 완료하고 이제부터 어떻게 할 것인가 하는 시점에 이르렀을 때 측근인 사마 중달이 진언했다.

"당장에 진공해야 합니다. 이러한 기세로 그대로 나간다면 유비를 멸망시키는 것쯤은 문제가 없습니다."

당시, 초나라 땅에는 유비가 항거하여 대항 세력을 형성하고 있었다. 그래서 '이 기회에 유비마저 두들겨 없애도록 합시다.' 하고 사마중달이 강요했던 것이다. 그러나 조조는,

"사람이란 만족을 다하지 못해 괴로워한다. 이미 롱우(隴右)를 얻었는데 또 촉마저 얻으려고 욕심을 내는가.〈진서(晋書)〉"하고 굳이 위험을 무릅쓰려고 하지 않았다고 한다. 기세를 타고 일어나면 멈추기가 매우 어렵다.

형세가 불리하다고 판단되면 즉시 철퇴하는 것도 전략 중의 하나

몇 년 후, 이번에는 유비 쪽이 대군을 동원하여 한중으로 쳐들어가 조조의 주둔군을 격파하고 기세를 올렸다. 그러자 이번에는 조조가 몸소 군사를 이끌고 평정에 나섰다. 유비는 정면에서 싸움 거는 것을 피하고 오로지 천험(天險)을 이용하여 기병을 내보내 상대의 보급로를 끊는 작전으로 나왔다. 〈손자〉의 병법에서 말한 '일로써 노를 기다린다'는 전술이었다. 이렇게 되자, 제아

무리 전술에 능한 조조도 손을 쓸 방법이 없어져 군량 부족에 빠져 고전을 하게 되었다. 그러던 어느 날 밤, 군사(軍使)가 지시를 받으려고 조조 앞에 나타나자 조조는 저녁상의 계륵(鷄肋－닭의 갈비뼈에 먹을 만한 고기는 없으나 버리기는 아깝다는 뜻으로 사용)에 눈을 멈추고,

"계륵이다, 계륵이야."

라고 소리질렀다. 그러나 그 뜻을 여러 장수는 알지 못했다. 그런데 서기관인 양수(揚修)라는 자가 그 말을 듣고 거침없이 철군 준비를 시작했다. 어떤 자가 양수에게 그 까닭을 묻자, 양수는 이렇게 대답했다고 한다.

"계륵이란 버리자니 아깝고 먹자니 이득이 되는 것도 없는 것이어서 비유하자면, 한중과 같은 것이니 왕이 돌아가기를 바라는 마음을 알 수 있다."〈삼국지〉

이렇게 해서, 조조는 한중을 포기하고 돌아갔으나 오히려 군사 행동을 중단하고 돌아가게 된 것을 속으로는 기뻐하였다고 한다. 그래서 이 일화에서 '계륵'이란 말이 생겨나게 되었다. 싸움이란 공격 일변도로만 한다고 해서 이길 수 있는 것이 아니며, 반대로 도망만 다닌다고 해서는 더 더욱 이길 수 없는 것이다. 바로 이 때다 했을 때 공격하는 것도 필요하거니와, 끝까지 멈춰서서 버티며 겨루어야 할 경우도 있다. 조조는 그러한 싸움을 수없이 많이 겪었다. 그러나 이 한중에서는 결코 무리하게 버티지는 않았다. 형세가 불리하다고 생각되면 철수의 결단도 불사하였던 것이다. 여기에서 장수로서의 그의 비범함을 엿볼 수 있는 것이다. 그런데 '멈추는 것을 안다'는 것은 조조뿐 아니라 중국

인 전체에 대해 그렇게 말해도 되지 않을까 생각한다. 균형 감각이 발달해 있어서 대국적인 판단이 정확하기 때문이다.

31

첫째, 하지 말라
둘째, 쉬지 말라

一不做, 二不休 〈속담〉

반쯤하다 그만두고 도당을 짜면 크게 다친다

보기에는 판단하기 어려운 문구이지만 약간 설명을 하면 과연 그렇구나 하고 생각하는 사람도 많을 것이다. 첫째, '하지 말라.' 라는 말은 함부로 남의 유혹에 끌리지 말라, 어떤 일을 할 때에는 이해득실을 신중히 고려한 뒤에 착수해야 한다는 뜻이다. 또 둘째, '쉬지 말라' 라는 말은 한번 시작하면 끝까지 해야 한다, 도중에서 그만두면 안 된다는 뜻이다. 이 말은 속담으로서 널리 통용되고 있으나, 원래는 이러한 이야기에서 유래된 듯싶다. 당나라 덕종(德宗, 재위 779~805년) 시대, 몇 사람의 절도사가 연합하여 중앙 정부에 반기를 든 일이 있었다. 처음에는 반란군의 기세가 상당히 강해서 황제인 덕종도 한때 도읍을 버리고 달아날 정도였다. 이 반란군에 장광성(張光晟)이라는 고관도 참여하고 있었는데, 그는 그 무렵, 어떤 사건의 책임을 지고 좌천되어 좋지 못한 처지에 있어 무척 앙심을 품고 있었다. 그럴 때에 반란 군으로부터의 권유가 있었으므로 옳지 됐다 하고 참가했던 것이 다. 그런데 나중에 반란군은 정부군의 반격으로 대패하여 날이 갈수록 형세가 불리해져 갔다. 중앙 정부는 이때다 하고 투항 권 고를 하면서 반란군의 내부 분열을 시도했다. 장 광성은 반란군 과 손을 끊고 정부군에 귀순했다. 그러나 그를 기다리고 있던 것 은 사형 선고뿐이었다. 장광성은 죽음에 이르러 '후세 사람들에 게 이렇게 전해주기 바란다' 는 전제를 하고, '제일막작 제이막휴 (第一莫作 第二莫休, 첫째, 하지 말라. 둘째, 쉬지 말라.)' 라는 구 를 남겼다고 한다.

"나는 두 가지 실수를 범했다. 하나는 반란군에 가담한 것이고, 또 하나는 가담한 이상에 철저하게 끝까지 버티지 않았다는 것이 다. 원하건대, 후세 사람들이여, 내 실수를 되풀이하지 말기 바란다." 라고 풀이하면 될 것이다.

진리란 흑백이 구별되지 않는 중간에 있다!

장광성의 말을 알기 쉽게 말하면 '기왕 탄 배이니 끝까지 해 버 려라' 라는 뜻이다. 수년 전, 임표(林彪)* 나 4인방이 탈권 투쟁을 감행하였을 때에도 아마 그들의 머리 속에는 이 말이 줄곧 왔다

임표(林彪) : 중공의 군인[원수]이며 정치가이다. 황포(黃捕) 군관학교를 졸업했고, 1928년 모 택 동과 함께 정강산(井剛山)에서 홍군(紅軍) 창건에 힘썼다. 항일(抗日) 전쟁중에는 팔로군(八路軍) 115 사장(師長)을 지냈다. 1958년에는 당 부주석이 되어 이듬해에는 국방부장을 겸했다. 문화 혁명 을 추진했으며 모택동의 후계자로 지명되었으나, 1971년 3월 쿠데타에 실패하여 이 해 9월, 비행기 로 소련으로 탈출하다가 몽고의 운두르칸에서 추락하여 사망했다. (1908~1971)

갔다 했으리라. 중국인은 '진리는 중간에 있다.' 라고 생각하여 극단으로 달리기를 싫어한다. 최근 중국의 동향을 보면 좌우로 크게 흔들려 반드시 그렇다고만 단언할 수도 없지만, 이것은 일시적인 과도기의 현상이라고 보아야 할 것이다. 생활인으로서의 중국인은 검고 흰 것을 분명히 하기를 싫어한다. 검은 것도 흰 것도, 오른쪽도 왼쪽도 있는 대로 함께 싸잡아서 일부러 흠을 잡으려고 하지 않는 것이 중국인의 생활 태도이다. 여기에는 일장일단이 있어서, 그 단점을 들면, 일을 처리하는 데 있어서 철저함이 결여되는 경향이 있다. 장광성은 자기의 돌이킬 수 없는 경험에서, 그러한 중국인의 단점에 대해 경종을 울리려고 한 것이 틀림없다.

먼저의 경험을 잊지 말고 나중의 교훈으로 삼아라

前事不忘, 後事之師〈속담〉

과거의 실패를 결코 잊어서는 안 된다

중국인은 과거의 경험을 처리하는 데 있어서, 자기에게 불리했던 일이 있었다면 반드시 기억해 두거나 기록해 두었다가 거기에서 교훈을 얻어 '나중의 교훈'으로 삼으려고 한다. 중국인은 예부터 기록광이라 할 만큼, 기록을 목숨보다 중요시하는 경향이 있었다. 두 가지 일화를 예로 들어 볼까 한다.

한 가지는 지금부터 2500여 년 전, 춘추 시대의 일이다. 제(齊)나라에서 최서(崔抒)라는 중신이 주군인 장공(莊公)을 시해한 사건이 일어났다. 아무리 난세라고는 하나 주군을 시해한 것은 비난을 면치 못할 일이었다. 제나라의 대사(사관)는 '최서, 그 임금을 시해하다'라고 기록했다. 최서로서는 몹시 입장이 불리했다. 그런 기록이 남았다가는 천추에 오명을 남기게 되는 것이기 때문이다. 최서는 그 기록을 없애려고 그 대사를 죽였다. 그러자 그 대사의 아우가 뒤를 이어 같은 글을 기록했다. 최서는 그 아우도 죽여 버렸다. 그랬더니 이번에는 그의 두 번째 아우가 다시 그 뒤를 이어 형들의 유지를 이어받아 똑같은 글을 기록했다. 이렇게 되자, 제아무리 최서라 해도 단념하지 않을 수 없었다. 그러는 동안에 도읍의 대사가 모두 죽음을 당했다는 소문이 온 나라에 퍼졌다. 이 소문을 듣고 재야의 사관이 죽간(竹簡-문자를 기록하는 대나무 판)을 가지고 도읍으로 모여들었으나, 기록이 이미 끝난 것을 알고 돌아갔다고 한다.

다음은 약 1300년 전, 당나라 때의 이야기이다. 2대째 황제인 태종 때, 저수량(褚遂良)이라는 자가 사관의 장으로 임명되었다. 어느 날 태종이 저수량을 불러 부탁했다.

"너희들의 기록을 한번 내게 보여 주지 않겠느냐? 달리 걱정할 것은 없다. 나 자신의 장단점을 알아 금후의 교훈으로 삼으려고 한다."

"군주의 언행은 좋거나 나쁘거나 모두 기록하는 것이 신들의 의무입니다. 아무쪼록 법에 어긋나는 일은 하시지 않기를 바라옵니다. 그러나 제왕 자신이 자기의 기록을 보셨다는 말은 이제까지 들어 본 적이 없습니다. 황송하오나 아니 되겠습니다."

"만약 내가 좋지 못한 행동을 했다고 하면 그것도 반드시 기록을 하는가?"

저수량은 이렇게 대답했다고 한다.

"도리를 지킨다는 것은 자기 직분을 다하는 것이라고 합니다.

신의 직분은 기록을 하는 일입니다. 폐하가 하시는 일은 좋은 것이나 나쁜 것이나 낱낱이 기록하고 있습니다."

기록을 남겨 후세의 비판을 기다린다

이 두 가지 이야기는 어느 쪽이나 사관 즉, 기록자의 의지를 나타낸 것이다. 그들이 기록에 전념하는 것은 물론 그것이 그들의 직무이기 때문이기도 하겠지만, 동시에 기록을 존중하는 전통이 그들을 뒷받침하고 있기 때문이라는 것을 알아야 한다. 기록을 남겨 후세의 비판을 기다린다. 이것이 중국 문화의 전통이었다. 이러한 자세는 플러스와 마이너스의 두 가지 측면을 가지고 있다. 플러스 쪽의 면은 말할 것도 없이 과거의 경험에서 배워 현재 및 미래에 대처하는 교훈을 삼을 수 있기 때문이다. 이것은 큰 장점이다. 반면, 마이너스도 없는 것은 아니다. 과거에 구애되어 움직이기가 어렵게 되기 때문이다. 현대의 중국은 명백히 그러한 증상을 나타내고 있다고 생각된다.

제3장

인간 관계를
원활하게 하는 지혜

술이 들어가면 진심을 내뱉는다

酒後吐眞言 〈속담〉

중국식 술 마시는 방법

중국의 술이라 하면 노주(老酒)나 모태주(茅台酒)가 유명하지만, 의외로 맛이 좋은 것이 그 지방의 토주이다. 값도 싸다. 나는 여행 중에 담배와 술은 가는 곳의 토산물을 애용하기로 하고 있어서 중국에서도 그렇게 해 보았다. 담배는 가격에 걸맞는 맛이라 그다지 신통치는 않았으나, 지방마다의 토주는 아주 좋았다. 산책 도중에 사서 들고와 호텔 방에서 홀짝홀짝 마시는 것도 나쁘지는 않았다. 중국 여행에서 맛볼 수 있는 즐거움의 하나라고 할 만했다. 중국의 술의 기원에 대해서는 〈십팔사략(十八史略)〉이라는 책에 이런 이야기가 기록되어 있다.

우(禹)라고 하는 성왕이 나라를 다스리고 있던 시대이다. 그때까지만 해도 마시는 것이라고는 예락(醴酪, 신맛이 있는 싱거운

술) 정도밖에 없었다. 그러나 이 무렵, 의적(儀狄)이라는 자가 음으로 술을 만들어 우왕에게 헌상했다. 우 임금은 그것을 마셔 보고는 그 맛에 놀라,

"후세에 반드시 술로 인해 나라를 망치는 자가 있을 것이다."
라고 하고 그 후로는 의적이라는 자를 가까이 하지 않았다고 한다.

이것은 하나의 이야기에 지나지 않겠지만, 일부러 이런 이야기를 들어 술에 빠지는 것을 훈계하는 것을 보면, 중국인은 예부터 술의 매력을 지나치게 알고 있었다고 하겠다. 과연 우의 예언대로 하(夏)의 걸왕(桀王)이나 은(殷)의 주왕(紂王)은 '주지육림(酒池肉林)'의 즐거움에 빠져 나라를 망치고 말았으나, 그 점에 있어서 공자는 과연 술을 삼가하여 빠지는 일이 없었다 한다. '술을 마시는 데 있어서 정한 양은 없었으나 취할 정도로는 마시지 않았다'고 〈논어(論語)〉에 기록되어 있다. 이것이 군자의 음주법이라 하겠다. 현대의 중국인도 음주법에 대해서는 이 공자의 주의를 답습하고 있는 것으로 생각된다. 가정에서는 잘 모르겠으나 파티 좌석 등에서는 잘 먹고 잘 마시고 잘 담소하나 결코 난잡한 행동은 하지 않는다. 특히 사적인 모임이라면 노래가 들어가고, 춤이 시작되고 '건배', '건배'를 주고받으며 흥겹다. 보고만 있어도 즐겁다. 약 20년 전의 일이었는데 나는 한번 실수를 한 적이 있다. 열 사람 가량이 모인 사적인 모임에 초청되었는데 정해진 대로 '건배', '건배', '건배'로 30분도 지나지 않아 크게 취하여 쿨쿨 골아떨어지고 말았다. 다음날, 친지를 만났더니 '파

티는 즐겁기 위해 있는 것이지 술에 골아떨어지려고 있는 것이 아니야.' 라고 하는 말이 그의 얼굴에 쓰여 있는 듯했다. 그 후, 주의깊게 관찰하는 동안에 알게 되었는데 중국인은 자기의 주량을 알고 있어서 술을 마시면서 음식을 먹는 것이 아니라 오히려 음식을 먹으면서 술을 마시는 느낌이었다. 이런 식이라면 취기도 늦게 돌 것이다. 이 두 가지를 알고 난 다음부터 필자는 중국인과 자리를 함께 하면서 실수를 한 적이 없다.

음주는 즐거움이 주가 된다

우리 나라 사람은 여하튼 도가 지나치는 체질을 가지고 있어서 이런 결점은 술자리에서도 나타난다. 자기의 주량을 고려하지 않고 내키는 대로 마시고 남에게도 무리하게 권한다. 그리고는 취해서 탈선을 하고 주정을 하여 주위 사람들에게 폐를 끼친다. 모두가 그렇다는 것은 아니지만 그런 사람이 자주 눈에 띈다. 주위 사람들도 또한 그런 술주정꾼의 광태를 '술 탓이야' 하며 너그럽게 봐 준다. 그러나 중국인은 그렇지가 않다. 술에 취해 남에게 폐를 끼치는 경우는 거의 없다. 간혹 있다 해도 '차부마정(車夫馬丁, 수레꾼이나 마부)' 의 행위라 해서 멸시당하여 인간으로서의 인격이 실추되고 만다. '술 탓이야' 라는 변명은 중국인 사회에서는 성립되지 않는다. 오히려 그들은 '술이 들어가면 진심을 내뱉는다' 라고 믿어 인간이란 그런 것이라고 인식하고 있다. 진(晋)나라 때, 도사인 갈홍(葛洪)도 그의 저서 〈포박자(抱朴子)〉중에 '술에 빠지면 반드시 재난을 초래한다. 세상 사람들은 그것을 알면서도 술을 끊으려고 하지 않을 뿐 아니라 절주하려고도 하지 않는다' 라고 탄식하며 여러 가지 술의 해로움을 들고 이렇게 권고하고 있다. "우리는 다만 뜻이 있는 자에게 절주할 것을 바란다."

　"음주는 즐거움이 주가 된다."〈장자〉
라는 것을 염두에 두는 것이 진정 애주가의 자세라 하겠다.

포박자(抱朴子) : 진나라의 도가(道家) 갈홍(葛洪, 포박자는 그의 호임)이 동진 초에 지은 책이다. 신선(神仙)의 법을 설명하고, 도덕과 정치를 논하였으며, 317년에 완성하였다.

34

참견을 하면 좋을 것은 없다

管閑事, 落不是 〈속담〉

상대의 심정을 짐작하지 않으면 실패를 초래한다!

'참견', 중국어에서는 '관한사(管閑事)'라고 한다. 쓸데없는 주선과 필요한 주선의 차이는 오로지 받는 상대측의 받는 방법에 따른다. 그리고 그 받는 방법은 필요한 정도에 따라 달라진다. 받는 쪽으로서 말한다면, 누구나 처음부터 필요없는 주선이라고 생각하는 사람은 없다. 상대가 필요하다고 판단하고 해 주지만 실제로 상대의 필요도는 극히 작다. 같은 일을 해 주어도 참견이라고 귀찮아하는 경우도 있으며, 매우 고마워하는 경우도 있는 것은 생대가 놓여 있는 상황에 대한 판단의 차이에서 온다고 할 수 있다. 〈전국책〉이라는 책에 이런 이야기가 있다. 전국 시대*에 중

전국 시대(戰國時代): 중국 진(晋)의 대부(大父)인 위(魏), 조(趙), 한(韓)의 삼씨(三氏)가 진(晋)을 분할하여 제후(諸侯)가 된 주(周)나라의 위열왕(威烈王) 23년부터 진(秦)나라 시황제가 중국을 통일할 때까지의 시대를 말한다. 그 중에서도 제(齊), 초(楚), 진(秦), 연(燕), 한(韓), 위(魏), 조(趙) 등이 강하여 전국(戰國)의 칠웅(七雄)이라 불리었다.(403~221)

산(中山)이라는 작은 나라가 있었다. 어느 날, 이 중산은 왕이 나라 안의 명사를 초대하여 연회를 베풀었다. 그 때, 출석한 사람 중에 사마 자기(司馬子期)라는 자가 있었는데, 마침 양의 수프가 모자라 그가 있는 곳까지 돌아오지 않았다. 여기에 앙심을 품고 사마자기는 화가 나서 국외로 도망하여 초왕(楚王)을 부추겨서 중산을 공격하게 했다. 초나라에게 있어 중산 따위는 발 아래에도 미치지 못하는 대국이다. 중산은 잠시도 견디지 못하고 패하여 왕은 도읍을 버리고 국외로 탈출하려고 했다. 그런데 그 도중에 일어난 일이다. 문득 뒤돌아보니 창을 든 건장한 젊은이 두 사람이 뒤에서 쫓아오고 있지 않은가. 적의 추격자는 아닐까 하여,

"너희들은 누구냐?"

왕이 떨리는 목소리로 묻자, 그들은 이렇게 대답했다.

"몇 년 전 왕에게서 먹을 것 한 항아리를 얻어 아사(餓死)를 면한 사람이 있었습니다. 우리는 그 분의 아들입니다. 아버지는 '중산에 일이 생기면 죽음으로 그 은혜에 보답하라.'는 유언을 남기시고 세상을 떠났습니다. 지금이야말로, 은혜에 보답할 때라고 생각되어 이렇게 달려왔습니다."

중산의 왕은 자기도 모르게 탄식하면서 이렇게 중얼거렸다.

"아주 작은 적선이라도 상대가 곤란할 때 베풀면 효과가 크게 나타나고, 사소한 일이라 해도 상대의 마음을 상하게 하여 원한을 사게 되면 혹독한 보복을 받게 되는구나. 나는 지금 한 그릇의 양고기국 때문에 나라를 잃고, 한 항아리의 먹을 것으로 인해 용사 두 사람을 얻었다."

때를 포착하는 방법에 따라 인간 관계도 원활하게 된다

왕의 탄식은 아니지만 확실히 같은 일을 해 주어도 상대가 받아들이는 방법 여하에 따라 그 이후의 국면이 크게 달라진다. 중요한 것은 상대가 참으로 그것을 필요로 하는지를 알아야 한다는 데 있다. 공자는 역시 세정에 밝은 사람이라, '군자는 생활이 어려운 사람은 돕지만, 부자를 더욱 살찌우는 일은 하지 않는다(〈논어〉 옹야편=雍也篇)' 라고 말했는데 이것도 지당한 말씀이라 하겠다. 인간 관계는 때를 잡는 법이 어렵다. 참견은 때를 무시하고 접근하는 데서 생기지만, 그렇다고 해서 '관계 없다' 하며 지나쳐 버리는 것도 재미가 없다. 중국인의 교제술을 보면 특히 이 때를 잡는 법이 절묘하다고 생각된다.

35

다투지 않으면
사이가 좋아지지 않는다

不打不成相識〈성어〉

논리의 조리를 세워 상대를 설득하다

일본의 다나카 수상이 국교 회복을 위해 중국을 방문하여 주은 래와의 절충을 마치고 모택동을 접견하였을 때, 모택동은 대뜸 "이제 싸움은 끝났나요? 싸움을 하지 않으면 사이가 좋아지지 않아요."라고 말했다 한다. 이 성어를 인용한 것이다. 여기서 말 하는 싸움이란 주은래와의 절충을 가리키고 있으며, '토론한다' 는 뜻이라는 것은 말할 것도 없다. 이 성어도 어떤 의미에 있어 서는 극히 중국적이다. 중국인은 일반적으로 무표정하며, 있는 그대로의 모습이라 할까, 자기 마음 속을 쉽게 남에게 내보이려 고 하지 않는다. 낯선 타인과 술잔을 몇 번 주고받았다고 해서 간단하게 흉금을 털어 놓는 우리네와는 엄청난 차이가 있다. 2년 정도 중국에서 어학 교사를 하다가 최근에 귀국한 친구가 있는 데, 중국에 가서 역사나 전통의 차이에서 오는 어떤 문화 충격을

받았는가 물어 보았더니 그의 대답은,

"중국인이란 마음 속에서 무엇을 생각하고 있는지 전혀 표정을 읽을 수가 없는 사람들이더군요. 거기에는 손 들었어요."

과연 중국인이란 거의가 무표정하며, 게다가 절대로 표정을 바꾸지 않는다. 그러나 그런 반면에 어떤 손해를 보고 있다고 자각하면 집요하게 자기 주장을 편다. 즉 논리의 조리를 세워 상대를 설득하려고 한다. 이 점에 있어서 일본인은 왕왕 논리에 의한 설득보다도 이심전심에 의한 암암리의 양해를 기대한다. 서투른 자기 주장 따위를 하면 '귀찮은 녀석이다' 라든지 '억지만 쓴다' 하여 도리어 경원당하거나 반발을 사기도 한다. 때로는 '듣기 싫어' 하고 무력적으로 자기 주장을 봉쇄당하는 일도 있다. 이에 비해 중국인은 논리에 의한 설득을 중시한다. 자기 주장이 강렬하여 서로 부딪쳐 불꽃을 튀긴다. 이것이 '타(打)' 즉 다툼이다. 그때는 설득력이 있는 논리가 센 쪽이 이기게 된다. 당사자끼리 결말이 나지 않으면 제삼자에게 조정을 바란다. 그때에도 결정의 수단이 되는 것은 의연한 논리이다. 중국인 사회는 이것이 당연한 전제로 성립되어 있다. 따라서 타인의 자기 주장에 대해서도 관대하여 상대의 주장에 일리가 있다고 생각되면 그것을 받아들이는 데에도 인색하지 않다. 중국인의 이러한 사상, 태도는 어제, 오늘에 이루어진 것이 아니고 아주 옛날부터 그렇게 해 왔던 것으로 생각된다.

능숙하게 예를 들어 상대를 설득하라

한 가지 예를 들어 보겠다. 〈전국책〉이라는 책에 '사족을 그리다'라는 유명한 말이 실려 있다. 옛날, 초나라의 소양(昭陽)이라는 장군이 위나라로 쳐들어가 대승한 여세를 몰아 제나라까지 공격해 들어왔다. 사태를 우려한 제나라 왕은 진진(陣軫)이라는 설객을 소양에게 보내어 철병 교섭을 하게 했다. 진진은 초군의 진영으로 들어가 소양을 만나, 먼저 사족(蛇足)을 그려(즉 쓸데없는 짓을 하여) 뻔히 알면서 술을 마실 권리를 잃은 사나이의 이야기를 예를 들고는 이렇게 다짐을 하였다.

"그런데 당신은 초나라의 장군이 되어 위나라를 공격하고 적을 격파하여 대장을 죽이고 성을 8개나 공략했습니다. 이제 그 기세를 타고 제(齊)나라까지 치려고 하나 이 정도 승리했다 하여 영윤(재상)이 되지는 못합니다. 왜냐하면, 초나라에는 이미 훌륭한 영윤이 있기 때문입니다. 그것만이 아닙니다. 이겼다고 해서 지나치게 도도해지면 일신의 파멸을 초래하여 모처럼 얻게 된 작위까지 남에게 빼앗기게 될 것입니다. 당신의 지금 입장은 마치 뱀에다 발을 그리려고 하는 사나이와 마찬가지입니다."

소양은 과연 그럴 듯하다고 생각하여, 곧 군사를 거두어 귀국 길에 올랐다.

확실히 '사족'이라는 교묘한 이야기를 끌어내어 이야기를 진행시킨 진진의 설득력은 보통이 아니다. 그러나 소양이 일본인이었다면, 그 정도의 설득으로 과연 군사를 거두었을까 의문이다. 중국인은 자기 주장도 강렬하지만 상대의 의견에도 귀를 잘 귀울인다. 그것은 3천 년 이래, 일관되게 그러했다고 하겠다. 그러한 배경 가운데서 이 성어가 생겨났으며, 그것이 또 중국인의 '응대사령(應對辭令)'을 닦아 왔다고 하겠다.

36

오랜 친구는
여간한 일이 아니면 버리지 말라

故舊無大故, 則不棄也〈논어〉

친족, 친구를 소홀히 해서는 안 된다

'오랜 친구는 대고(大故)가 없는 한 버릴 수 없다.'고 하는 이 마음 자세는 현대 중국인에게도 계승되어 온 것으로 생각된다. '고구무대고, 즉불기야(故舊無大故, 則不棄也)'라는 이 말은 〈논어〉에도 나온다. 〈논어〉는 공자의 언행을 기록한 책이나, 이 말은 묘하게도 공자가 아닌 주공단(周公旦)이라는 사람이 말한 것을 채록한 것이다.

주공단은 주 왕조의 건국 공신으로서 그 공에 의해 노(魯)나라에 봉해졌으나, 정무에 바빠 자기 대신 아들인 백금(伯禽)을 부임토록 했다. 그 때 주공단은 다음과 같은 말을 아들에게 했다고 한다.

"왕위에 오르면 첫째로 친족을 소홀히 해서는 안 된다. 둘째로 중신에게 자기가 무시당하고 있다는 불만을 갖게 하지 말라. 셋째로 오랜 친구는 여간한 대고가 없는 한, 버려서는 안 된다. 넷째, 한 사람에게 모든 것을 기대하지 말라."

인정이 넘치는 자상한 훈계라고 하겠다.
공자라는 사람은 이 주공단을 이상적인 인물로 존경하고 있었으므로 공자 자신도 결코 친구를 소홀히 하지 않았다.
예를 들면 이런 이야기가 있다.

어리석은 자에게도 우정을 잊지 않았던 공자

그에게 원양(原壤)이라는 어릴 적 친구가 있었는데, 이 자가 매우 되어먹지 않은 인간이었으므로 어느 날 공자는,
"너는 어려서도 비뚤어진 아이였는데, 어른이 된 지금도 남이 싫어하는 짓만 하고 있구나. 게다가 살기는 남보다 오래도 사는구나. 너 같은 자를 불량배라고 한다."
하고 꾸짖으며, 손에 들고 있던 지팡이로 원양의 다리를 찔렀던 일이 있었다 한다.
그러나 원양의 어머니가 죽었을 때, 공자는 그를 위해 관을 마련해 주었다. 그러나 원양은 상식 밖으로 관 위에 올라가 뚜껑을 두들기며 장단을 맞추어 조잡한 노래를 부르기 시작했다.
공자는 못 들은 체하고 상종을 하지 않았다. 그러자 모시고 있던 제자가 참을 수가 없어,
"저것도 친구입니까?"

하고 물은 바 공자는 쓴웃음을 지으며 이렇게 대답했다고 한다.

"비록 배꼽이 비뚤어졌어도 육친은 육친이요, 친구는 친구라고 하지 않았느냐."

공자는 또, 오랜 친구를 소중히 했던 사람이었다.

공자가 근년에 들어 중국에서 엄한 비판의 대상이 되기는 하였으나, 공자는 사람의 생활 양식은, 어떤 의미에서는 극히 현대적이고 또한, 그 언행에 있어서도 배울 점이 적지 않다. 특히, 〈논어〉는 많은 것을 시사해 주고 있으며 중국인을 아는 데에 있어서도 빠뜨릴 수 없는 책이다.

그와 관련해서, 이 경우의 '여간한 일(대고)'이란 어느 정도의 일을 말하는 것일까. 그것은 아마도 '명백한 배신 행위'라고 할 수 있겠다. 일반적으로는 두 개의 혀 즉 거짓말을 하는 것이 여기에 해당될 것이다. 이런 행위를 한다면 친구의 자격을 따져도 할 말이 없을 것으로 생각된다.

37

물이 너무 맑으면 물고기가 모이지 않는다

水淸無魚〈성어〉

견책도 도가 지나치면 사람이 가까이 오지 않는다

사적인 일을 예로 들어 죄송하나, 동부 지방의 어느 어항에서 굴 양식을 하고 있는 친구가 수 년 전, 상당한 피해를 입은 일이 있었다. 원인은 생활 폐수의 방류로 인한 바다의 오염인 듯했다 말하자면 '공해'이다.

"그런 걸 알면서도 어째서 좀더 일찍 대책을 강구하지 않았나" 하였더니,

"굴이라는 것은 너무나 깨끗한 해수에서는 발육이 나쁘고, 어느 정도 탁한 편이 좋다네. 그래서 그만 시간이 늦어졌네."
라는 대답이었다. 지나치게 지저분해도 안 되고 너무 맑아도 좋지 않다. 그것을 알맞게 하는 것이 매우 어렵다는 말일 것이다. 물고기의 경우도 꼭 같다. 현대 중국어에서는 '수청무어(水淸無魚)'라는 4개 문자의 성어로 통용되고 출전인〈한서(漢書)〉나〈송

명신 언행록(宋名臣言行錄)〉에서는 '물이 지극히 맑은 즉, 물고기가 없고 사람이 지극히 살피는(察) 즉 무리(徒)가 없다.' 라는 대구의 형식을 취하고 있다. 후단의 구는 '지나치게 꾸짖음이 많으면 사람이 가까이 다가오지 않는다.' 는 뜻이다.〈송명신 언행록〉에 또 이런 이야기가 소개되고 있다. 명군으로 이름이 높았던 송(宋) 태종 때의 일이다. 변하(卞河) 의 수운에 종사하는 자가 관아의 배에 실을 짐을 빼돌려 다른 곳으로 팔아넘기고 있다는 상주가 있었다. 그 말을 듣고 태종은 측근인 자에게 이야기했다.

맛있는 즙을 빨아먹으려는 도당을 근절시키는 일은 어렵다. 그것은 마치 쥐구멍을 막으려고 하는 것과 같다. 눈에 띄는 자만을 적발하면 그것으로 좋다. 뱃사공들이 조금 횡령했다고는 하나 공무에 지장이 없는 한, 엄하게 추궁하지 말라. 요는 관의 물자가 지장없이 운반되도록 하라는 것이다.

곁에서 재상인 여몽정(呂蒙正)도 이렇게 찬의를 표시했다.

"물이 맑으면 물고기가 놀지 않고, 견책이 심하면 사람이 가까이에 붙지 않게 된다고 합니다. 군자가 보면, 소인배가 하는 짓이란 뻔합니다. 큰 도량으로 대처함으로써 모든 일이 원활하게 진행됩니다. 옛날, 한나라의 조참(曹參)이 옥(사법)과 시(경제)를 특별히 신중하게 관리한 것은, 그것이 바로 선과 악을 포용한 곳이기 때문입니다. 여기에 함부로 엄한 것을 바라시면 악인들은 몸둘 곳을 잃게 됩니다. 지금의 경우도 분부하신 대로 굳이 혼란을 일으킬 필요는 없는가 합니다."

싸 놓은 상자 귀퉁이를 헤집는 짓은 하지 말라, 요소(要所)만 단단히 누르고 있으면 그것으로 족하다는 사고 방식이다.

엄격과 관용의 밸런스를 유지하라

중국어에 '장관(臟官)' '청관(淸官)'이라는 말이 있다. '장관' 이란 뇌물을 받는 정치가요, '청관'이란 뇌물 따위는 받지 않는 청렴한 정치가를 말한다. 이 두 가지 타입을 견주어 볼 경우, 일본인은 '청관' 쪽이 좋다고 할 것이 틀림없다. 그러나 중국인은 반드시 그렇게 생각하지 않는다. '장관'은 곤란하지만 '청관'이라고 해서 백 퍼센트 선(善)이라고 할 수 없다는 것을 인식하고 있기 때문이다. 왜냐하면 '장관'은 언제나 뒤가 구리기 때문에 남에 대해 관용이 있으나 '청관'은 자신 만만하여 남에 대해 지나치게 엄해 도리어 나라를 그르칠 우려가 있기 때문이다. 일종의 역설에는 틀림없다는 재미있는 견해이다. 속담에도 '청관무후(淸官無後)' '청수무어(淸水無魚)'라는 것이 있다. '청관은 자손이 고생하고, 청수에는 물고기가 살지 않는다'라는 뜻이다. 또 '관청사사수(官淸司使瘦, 청렴한 상사 아래에서는 부하가 마른 다)'라는 속담도 있다. 이런 것들이 '청관'을 백 퍼센트 선(善)으로 치지 않는 중국인의 인식을 나타내고 있다고 생각한다.

이러한 중국인의 인식에서 보면, '장관'이라 하여 눈앞의 적으로 규탄하는 우리네를 좋게 말하면 결벽이라 하고 나쁘게 말하면 지나치게 단순하다고 할는지도 모른다. '장관' 자신이 갑자기 자세를 고치는 것은 논할 것도 없지만 반면에 너무나 감정적인 규탄도 도리어 실이 적지는 않을까 한다.

38

재상의 뱃속은
배를 저어도 될 만큼 크다

宰相肚里好撑船 〈속담〉

우두머리는 세세한 것에 구애받지 말고 전체를 통괄하라

　재상이란 말할 것도 없이 문무 백관의 우두머리이며 많은 사람을 통솔하는 입장에 있다. 그런 입장에 서 있는 인물은 도량이 커야 한다는 것이 이 속담의 뜻이다.

　중국은 긴 역사 속에서 여러 사람의 명재상을 배출하고 있으나, 일반 중국인들이 그리는 이상적인 재상상이란 첫째, 작은 일에 구애받지 않고 둘째, 도량이 큰, 이 두 가지를 만족시켜 주는 인물인 모양이다.

　첫째에 대해서는 이런 이야기가 전해지고 있다. 한나라 문제(文帝)가 어느 날, 년간 재판 수와 국고 수입액에 대해서 재상인 진평(陳平)에게 하문했다. 그러자 진평은 "그 건이라면 각 담당자에게 하문하십시오."

"담당자라면 누구를 말하는가?"

"재판에 관해서는 정위(廷尉, 사법대과)가 있사오며 국고의 수입에 관해서 치속내사(治粟內史, 재무장관)가 있습니다."

"만사에 그렇게 담당자가 있다면 재상이란 도대체 무엇을 담당하고 있는가?" 진평은 이렇게 대답했다.

"황공하오나 말씀드리겠습니다. 폐하께서는 신이 어리석다는 것도 모르시고 황공하옵게도 재상으로 임용해 주셨습니다. 그러나 대체로 재상이 하는 일이란, 위로는 천자를 보좌하여 음양이기(陰陽二氣)의 조화를 시도하여 사계의 순환을 순조롭게 하고, 아래로는 만물 각기가 잘 되게 하는 것입니다. 또 밖으로는 사방의 만족(蠻族) 및 제후를 진무하고 안으로는 만민을 따르게 하여 모든 관리에게 그 직책을 다하도록 하는 데 있습니다."

큰곳, 높은곳에서 살펴보기만 하면 그것으로 좋다는 말이다.

이러한 태도로 정치에 임한 진평은 '현상(賢相)'의 이름을 누린 뒤에 그 생애를 마쳤다고 한다.

도량을 크게 가지면 화도 바뀌어 공이 된다

둘째의 도량의 크기에 대해서 전국 시대의 제나라 재상이었던 맹상군(孟嘗君)의 이런 이야기가 있다. 맹상군 밑에는 수천 명의 식객이 붙어 있었는데, 그 식객 중의 한 사람이 맹상군의 첩과 밀통하고 있는 자가 있었다. 이 사실을 안 다른 식객이 어느 날 맹상군에게 말했다.

"식객인 주제에 대감의 계집과 밀통을 하다니 당치도 않습니다. 당장에 처단하셔야 합니다."

"아니야. 괜찮아. 아름다운 여자에게 끌리는 것은 인지상정 아닌가. 내버려 두게."

이렇게 1년이 지났다. 맹상군은 자기의 첩과 밀통하고 있는 식객을 불러들였다.

"모처럼 나한테 와 있었는데 아직도 마땅한 벼슬 자리를 드리지 못해 참으로 미안하게 생각합니다. 그렇다고 해서 낮은 벼슬 자리는 당신도 만족하지 못할 것입니다. 그래서 나와 위나라 왕은 친밀한 관계인지라, 노자를 마련해 드릴 것이니 위나라에 가서 벼슬 자리를 구해 보시는 것이 어떻겠습니까?"

그래서 식객은 위나라로 가서 중용(重用)되었다.

그 후 제나라와 위나라는 사이가 갈라져, 위나라는 다른 나라들과 동맹하여 제를 공격하려고 했다. 이 때 왕년의 그 식객이 이렇게 위나라 왕에게 간했다.

"신이 이렇게 위나라에 몸을 담고 있게 된 것은 맹상군이 보잘 것 없는 신을 굳이 추천해 준 덕택입니다. 그리고 제와 위의 선왕들도 자자손손에 이르기까지 창을 서로 맞대지 않을 것을 맹세했다고 들었습니다. 그런데 전하께서는 지금 여러 다른 나라와 공론하여 제나라를 치려고 하십니다. 이는 선왕끼리의 맹약을 어기는 일이요, 우정을 배신하는 행위입니다. 아무쪼록 제나라를 공격하는 계획은 거두어 주시기 바랍니다. 아니면 신의 저승길의 동반자로 전하의 목숨을 앗아야 하겠습니다."

위왕은 제나라 공략을 단념했다. 제나라 사람들은 이 소문을 듣고 이렇게 서로 이야기했다.

"맹상군은 멋있는 계략을 했다. 화를 공으로 바꾸었다."

진평의 생각이나 맹상군의 계략은 어느 것이나 남의 위에 서는 자의 사려임에는 틀림없다. 그러나 함부로 이런 것을 흉내낸다면 조직이 해이해질 우려가 있다.

진평은 유장하게 버티고 있는 것처럼 보였으나 반면에 '권모술수'가 능숙한 '계략사'이며, 맹상군도 '자 이 식객의 처리를 어떻게 한다?' 하고 머리를 재빠르게 회전시키고 있었음이 틀림없다.

소위 '오리발'인 것이다. 이것이 있음으로써, 비로소 배를 저을 만큼 큰 배포가 생기는 것이다. 중국인은 그 양면을 갖추고 있다는 것을 잊어서는 안 된다.

39

병은 입으로 들어가고 화는 입으로 나온다

病從口入, 禍從口出 〈속담〉

교섭과 설득에는 다변(多辯)을 필요로 하지 않는다

'입은 화의 근원이다' 라는 말이 있다. 실언을 훈계하는 점으로는 공통되고 있다고 하겠다. 그러나 그 뜻에 있어서 일본과 중국은 매우 다른 것으로 생각된다.

'무예를 숭상하는' 일본인은 언론에 의한 설득보다도 무단적(武斷的)으로 일을 처리하기 쉬운 데 비해, '문필을 숭상하는 나라' 인 중국은 한결같이 언론에 의한 설득을 중시해 왔다. 공자가 제자인 자공(子貢)의 '군자란 어떤 인물을 말하는 것입니까?' 라는 물음에 '이곳저곳을 다니며 봉사를 하되 임금의 명을 욕되게 하지 않는 것' 이라고 대답한 것은 당연하다고 하더라도, 군사 전문가인 손무(孫武)마저도 '싸우지 않고 이긴다.' 는 것 즉 교섭과 설득에 의한 분쟁 해결을 우선하고 있다. 이러한 사고 방식은 개인 대 개인의 관계에 있어서도 변함이 없다.

교섭이나 설득을 중시하는 중국에서는 당연히 언론의 비중이 극히 높다. 따라서 그들은 단 한 번의 실언이 교섭을 결렬시키거나 스스로의 목숨을 빼앗아가는 것을 뼈아프게 통감했을 것이다. 중국의 고전이 '응대사령(應對辭令)'의 보고(寶庫)라고 일컬어지는 것은 그 무서움을 잘 알고 있었던 그들의 경험에서 얻었을 것이리라.

응대사령(應對辭令)의 비결 9개조

대개 도가(道家) 측의 사람들은 이렇게 말하고 있다.

- 말이 많으면 때때로 궁지에 빠진다.(〈노자〉5장)
- 대변(大辯)은 더듬는 것과 같다.(〈노자〉45장)
- 대변은 말하지 않는다.(〈장자〉제물론=齊物論)
  '무위 자연(無爲自然)'을 설파하고 은둔을 지향하는 그들이 언론에 대해 극히 자기 억제적이었던 것은 당연하여 확실히 이것으로 화를 초래할 우려는 적다. 그러나 표면의 세계에서 활약하는 유가의 사람들은 언론이 자본이므로, 이렇게 모두 알아차려 버리면 장사가 되지 않으므로 그들로서도 노장 정도까지는 아니지만 언론에 대해서는 매우 신중하다. 〈논어〉에서 몇 가지 인용하여 참고로 할까 한다.
- 실언(失言)은 4륜마차로 뒤쫓아가도 취소할 수 없다.
- 상쾌한 말의 기교, 사람의 기분을 상하지 않게 하는 응답, 그

런 자들에게 있어 대단한 녀석은 없다.

- 군자는 말의 기교가 상쾌하기보다 실천하는 데에 있어서 용감해야 한다.

- 거짓 아첨, 겉치레만의 애교, 지나치게 공손한 태도, 그러한 비굴함을 좌구명(左丘明)은 수치로 알았다.

- 윗사람과 이야기할 때, 해서는 안 되는 세 가지—성급, 은폐, 장님. 성급(性急)이란 묻지도 않았는데 말하는 것, 은폐(隱蔽)란 물어도 대답하지 않는 것. 장님이란 상대의 표정은 살피지 않고 제멋대로 지껄이는 것.

- 입만 써서 상대의 비위를 건드리지 않는 자들은 도리어 원한을 사는 일이 많다. 말주변이 없는 사람에게서 오히려 취할 점이 있다.

40

중구(衆口)는 쇠를 녹인다

衆口鑠金〈속담〉

세 사람이 같은 것을 주장하면 기정 사실이 된다

'중구(여러 사람의 말)는 쇠도 녹인다.' 즉 많은 사람이 입을
모아 같은 말을 하면 흰 것이 검은 것으로 되어 버릴 만한 힘을
발휘한다. 사람의 입은 그 만큼 무섭다. 이 속담은 플러스의 뜻
으로 쓰이는 일도 있으나, 때에 따라서는 마이너스의 뜻으로 쓰
일 때가 많다.

〈전국책〉이라는 책에는 '3인, 시호(市虎)를 이룬다(三人成市
虎)' 라는 유명한 이야기가 있다.

전국 시대(戰國時代)의 일이다. 위나라에 방총(龐葱)이라는 중
신이 있었다. 어느 해, 태자와 함께 조나라의 서울인 한단(邯鄲)
으로 인질로 가게 되었다. 출발에 앞서 방총은 위왕에게 다짐했
다.

"만일 가신(家臣) 중의 누군가가 '거리에 호랑이가 나타났다.'

하면 믿으시겠습니까?"

중국에는 호랑이가 많았으나 아무리 전국 시대라 해도 대도시 한복판에까지는 출몰하지 않았다.

"설마 그런 것을 믿겠는가."

"그러면 또 한 사람이 '거리에 호랑이가 나타났다.'고 하면 어떻게 하시겠습니까?"

"그렇게 되면 일단 의심을 하겠지."

"그럼 다시 또 한 사람이 같은 말을 하게 되면 어떻게 되겠습니까?"

"음... 세 사람이 그리 하면 믿지 않을 수 없을 테지." 방총은 말했다.

"거리에까지 호랑이가 나타나는 일은 없습니다. 그런데도 세 사람이 같은 말을 하면 믿지 않을 수 없다고 하셨습니다. 그런데 한단은 먼 이국입니다. 따라서 그 땅에서 일어나는 일은 정확하게 전해지지 못할 것입니다. 그 한단으로 가는 신에 관한 일을 어쩌구저쩌구 하는 자들은 세 사람 정도가 아닐 것입니다. 부디 방금 신이 한 말을 잊지 말아 주십시오."

방총은 이렇게 다짐을 받고 한단으로 떠났으나 과연 오래지 않아 그의 일을 위왕에게 중상하는 자가 나타났다. 후에 태자가 인질에서 풀려나 귀국했을 때 방총은 위왕의 알현을 허락받지 못했다고 한다.

굳은 신념도 세론에는 흔들리기 쉽다

〈전국책〉에는 또 하나 '증삼, 사람을 죽인다'라는 유명한 이야기가 소개되고 있다.

공자의 제자 중에 효자로 유명한 증삼이라는 인물이 있었다. 그 증삼이 비(費)라는 거리에 살고 있었을 때, 동성 동명의 사나이가 살인 사건을 일으켰는데 그것을 잘못 알고 증삼의 어머니에게 알리러 온 자가 있었다. 그 때 증삼의 어머니는 베를 짜고 있다가 '그 아이는 남을 해칠 아이가 아닙니다.' 하고 얼굴색 하나 변하지 않았다. 얼마 후, 다른 사람이 또 달려와 '증삼이가 사람을 죽였어요.' 하고 소리를 지르며 뛰어 들어왔다. 그 말을 듣자, 이번에는 그 어머니도 불안해져 북을 던지고 달아났다 한다.

방총의 이야기는 실화인 듯하나 증삼의 이야기는 비유한 것이리라. 어쨌든 이 두 이야기는 '중구'는 따라다니게 마련이고 그것을 거뜬히 예방하는 묘약은 아직 없는 것 같다.

41

의심스러우면 쓰지 말라
썼으면 의심하지 말라

疑人不用, 用人不疑 〈속담〉

철저하게 신뢰하고 쓰면 부하는 반드시 움직인다

부하를 부리는 입장에 있는 자의 가장 기본적인 것은 사람을 부리는 요령이겠으나 실행함에 있어서는 극히 어렵다. 중국인 자신이 그 어려움을 잘 알고 있기 때문에 이런 속담이 생겨났다고 하겠다. 예를 들면 화교이다. 어떤 사업을 생각할 때 그들은 친족이나 통하는 동향인끼리 스탭을 짜는 일이 많다. 이런 방법은 활력소나 발전성에 지장이 있다는 한 가지 흠은 있으나 안심이 된다는 점에서는 이보다 더 좋은 방법이 없기 때문이다. 또 이렇게 하면 혹시 일이 잘 되지 않았을 경우라도 미련없이 중단하기가 쉽기 때문이다. 부하에게 하고자 하는 마음을 일으키게 하는 데는 여러 가지 방법이 있겠으나, 그 하나로 상대를 신뢰하면 일을 맡기는 것도 유력한 방법일 것이다. 이 점에 있어서 '홍의 관후(弘毅寬厚)하여 사람을 알아 주고 선비를 대우한다.' 라고 평한 바와 마찬가지로 온후한 군자로서 남을 의심할 줄을 몰랐다. 그리하여 촉한을 건국하기까지 보통 아닌 고생을 겪고 있었으나 반면에 부하와는 두터운 신뢰 관계로 맺어지고 있었다. 관우(關羽)의 경우를 예로 들 수 있겠다. 관우는 유비가 향리에서 군사를 일으켰을 때, 장비(張飛)와 함께 달려와서 첫 번째의 부하가 되었으나, 이 세 사람의 상종은 주종 관계라기보다 형제 관계와 같았다고 한다. 후에 관우는 조조의 공격을 받아 분전의 보람도 없이 사로잡혔다. 관우에게 반한 조조는 즉시 관우를 장군으로 삼고 극진히 대접하며 붙들려고 했으나, 전혀 즐거워하지 않고 조조의 부하에게 이렇게 말했다고 한다.

"조조 장군으로부터는 더할 나위 없는 극진한 대접을 받아 왔다. 그러나 나는 유비 장군에게서 큰 은혜를 입었을 뿐 아니라 함께 죽기로 맹세한 사이이므로 배신하지 못한다. 여기에 오래 머물고 싶지는 않다. 그러나 응분의 공을 세워 조조 장군의 은혜를 갚고 떠나고자 한다."

드디어 관우는 그 말대로 공을 세운 다음, 조조 곁을 떠나 다시 유비에게로 돌아갔다. 당시 조조는 떠오르는 아침 해와 같은 기세로 두각을 나타내고 있는 데에 비해, 유비는 내일을 점칠 수 없는 패잔의 신세였다. 손익 계산상에서 본다면 조조에게 머무는 편이 월등히 유리했다. 관우는 그것을 알면서도 굳이 옛 주인인 유비에게 돌아갔던 것이다. 관우에게 그렇게 하도록 한 것은 두터운 신뢰 관계였다.

부하에 대한 신뢰는 육친 이상으로 의지가 된다

이 신뢰 관계는 관우만이 아니라 제갈공명의 경우에서도 볼 수 있다. 유비가 원정처인 영안(永安)에서 병을 얻어 위독한 상태에 빠졌을 때, 도읍에 남아 있던 승상(丞相)인 공명을 불러와서 이렇게 유언했다.

"그대의 재능은 위나라의 조비(曹丕)의 10 배나 된다고 생각하오. 틀림없이 우리 촉한을 안정시키고 천하 통일의 대업을 성취해 주리라 믿고 있소. 만일 그대가 내 아들 선(禪)을 도와줄 만한 가치가 있는 남아(男兒)라고 생각한다면 부디 그 아이를 보호하여 키워주기 바라오. 그러나 도울 만한 가치가 없는 어리석은 자라고 생각한다면 그대 자신이 선을 대신하여 제위에 오르기 바라오."

유비는 또 이때, 도읍에 머무르고 있던 아들 선 앞으로 유언장을 작성하였는데 그 글은,

"너는 모든 일을 승상과 함께 도모할 것이며, 승상을 아버지와 같이 하여라."

라는 것이었다. 공명은 명재상이라고는 하나 황제인 유비에게는 어디까지나 신하에 지나지 않았다. 그 신하에 대해 유비는 그러한 두터운 신뢰를 하여 후사에 맡겼던 것이다. 후에 공명이 2 대인 선을 도와 한실(漢室)의 부흥에 궁극 진력한 것은 이 신뢰에 보답하려 한 것이었다. 유비는 권모 술수나 전략 전술에 있어서는 호적수인 조조에게 미치지 못하였으나, 부하를 신뢰하는 점에서는 훨씬 조조를 앞서고 있었다. 관우와 공명이 유비를 위해 기꺼이 사력을 다한 이유가 바로 이것이었다.

42

남의 약점을 파헤치면 안 된다

打人打臉, 罵人別揭短 〈속담〉

군자는 입을 움직이고 소인은 손을 움직인다

직역을 한다면 '남을 때리는 데 있어서 얼굴을 때리면 안 된다. 남을 욕하는 데 있어서 아픈 곳을 파헤치면 안 된다' 가 된다. 아픈 곳을 파헤친다는 것과 얼굴을 때린다는 것을 대비시킨 점이 과연 중국인답다. 왜냐하면 중국에서는 혹 싸움을 한다 해도 얼굴을 때리는 일 따위는 거의 없기 때문이다.

일본인과 달리 중국인에게는 따귀를 갈기는 습관이 없다. 첫째, 싸우는 방법이 다르다. 우리네라면 간단히 완력으로 처리하려 하겠지만 중국인은 거의 입씨름으로 시종한다. 손을 대면 진다는 것이 중국식이다. 하지만 '군자는 입을 움직이고 소인은 손을 움직인다' 라는 속담도 있는 것처럼 완력 사태가 전혀 없는 것은 아니다. 가끔 그런 사태가 벌어졌다 해도 기껏해야 가슴을 쥐어박는 정도이고 얼굴에 손이 가는 일은 드물다. 얼굴을 때리는 것은 인간에게 하는 행위가 아니고 개나 짐승에게 하는 행동이라고 중국인은 인식하고 있다. 따라서 맞는 쪽에서 보면 짐승 취급을 당하는 것이므로 그 이상의 모욕은 없다고 생각한다.

남의 약점을 찌르면 심한 보복을 당한다

　중국인의 따귀 때리는 것과 같은 비중으로, 해서는 안 된다고 인식하고 있는 것이 남의 아픈 곳을 파헤치는 것이다. 이런 행위를 하면 인간 관계를 해칠 뿐 아니라 언제, 어디서, 어떤 보복을 당할지 모른다. 훌륭한 사람을 노하게 하는 것을 '역린(逆鱗)'을 건드린다'고 한다. 이 말의 출전으로 되어 있는 것이 〈한비자〉의 다음 1절이다.

　"용이라는 동물은 길들이면 사람이 탈 수 있을 정도로 온순하다. 그러나 목 아래 부분에 지름이 한 척이나 되는 비늘이 거꾸로 돋아 있어서 그것을 건드리면 당장에 물려 죽는다. 군주에게도 이 역린이 있다. 그것을 건드리지 않고도 진언을 할 수 있으면 우선 급제라고 하겠다."

　〈한비자〉는 진언의 어려움에 대해 언급하며 그 예를 들고 있으나 '역린'을 가지고 있어서 대부분의 경우, 이는 콤플렉스와 연결되고 있다. 그리고 군주의 보복은 일도 양단(一刀兩斷), 단칼에 오지만 약한 입장에 있는 사람의 보복은 은근한 형태를 취하기 때문에 더욱 사정이 나쁘다고 하겠다.

재능을 뽐내지 말고
남과 협조하도록 힘써라

當韜晦,無露圭角〈송명신언행록〉

재능을 뽐내지 않으면 자연히 인정을 받게 된다

'바로 도회(韜晦)하여 규각(圭角)을 나타나게 하지 말라.' 여기에서 '도회'란 자기의 재능을 뽐내지 않는 것, '규각'이란 그 사람에게 '모'가 나 있다는 경우의 '모'를 뜻한다.〈송명신언행록〉이라는 책에 이런 이야기가 있다.

송대의 명재상 중의 한 사람인 두연(杜衍)이라는 인물이 있었다. 그는 평소 후배들에게 이런 말을 했다 한다.

"벼슬길에 들어가면 청렴하고 신중하게 행동해야 한다. 남에게 자신의 존재를 알리려고 하면 안 된다. 돋보이려고 하면 도리어 동료들의 시샘을 받아 중상의 표적이 될 것이다. 상사라 해서 반드시 사람의 재능을 알아보는 눈을 가졌다고는 할 수 없다.

그러므로 좋은 결과가 되지는 않을 것이다. 유연한 태도로 해야 할 일을 묵묵히 하여 마음에 꺼름직한 것만 없으면 그것으로 좋다."

어느 때, 부하 한 사람이 어느 현의 지사로 부임하게 되었다.

그러자 두연은 그 자를 불러 이렇게 훈계했다.

"자네의 재능은 현의 지사쯤으로는 아깝다고 생각한다. 그렇다 해도 되도록 재능을 뽐내지 말고 주위와 협조하도록 노력하는 것이 좋겠다. 재능이 있다고 으스대면 불리한 일은 많고 좋은일은 하나도 없을 것이다."

그 사람은 반박했다.

"선생님께서는 평소 자기의 신념에 충실한 것으로써 천하에 소문이 나 있습니다. 그런데 지금 저에게 가르치신 것은 그와 전혀 반대가 아닙니까?"

두연은 이렇게 대답했다 한다.

"내가 지금의 지위에 이르기까지 오랜 세월에 걸쳐 수많은 직무를 경험했다. 그 동안에 임금에게 인정을 받고 조야의 신뢰를 얻은 덕택으로 지금에 와서 이렇게 자신의 신념을 국정에 반영시킬 수가 있게 되었다. 그런데 자네의 경우는 지금 겨우 현지사에 임명된 것뿐이며 금후의 승진은 상사의 어림짐작에 달려 있다. 현지사의 윗자리 주장관의 지위에 오르는 것을 그렇게 간단히 손에 넣을 수는 없다. 상사의 인정을 받지 못하면 언제까지나 현지사에 머물게 되어 보다 넓은 입장에서 자기의 신념을 정치에 반영시키는 것은 확실하지 않다. 그뿐 아니라 무용의 화를 초래할 것이 뻔하다. 재능을 뽐내지 말고 주위와의 협조를 취지로 삼으라고 한 것은 그런 뜻에서이다."

그 후 그 자가 어떻게 처신하였는지 기록은 없으나 두연의 말은 과연 인생의 베테랑다운 함축성이 풍부한 표현이다. 확실히 이러한 태도로 인생에 대처하면 인간 관계를 원만하게 유지할 수가 있으며 남에게 원한을 사거나 남에게 보복을 당하거나 하는 일도 어느 정도 피할 수가 있으리라.

도회도 도가 지나치면 역효과가 난다

두연의 말을 좀더 극단적인 형태로 실행에 옮긴 것은 은나라 주왕 때의 기자(箕子)라는 인물이다. 주왕은 중국의 긴 역사 중에서도 1, 2위를 다투는 폭군으로 '주지육림(酒池肉林)*' 따위의 어리석은 주연에 빠져, 간하는 중신들을 닥치는 대로 사형에 처한 인물이다. 그런데 어느 날, 밤낮을 가리지 않고 연회가 계속되어 너무나 놀다 날짜를 모르게 되었다. '오늘이 몇 월 며칠이냐?' 하고 시종에게 물어도 누구 하나 대답하는 자가 없었다. 그래서 중신인 기자에게 심부름꾼을 보내 물어 오도록 했다. 기자는 심부름꾼의 전갈을 듣고 측근에게 말했다. "천하의 주인이라는데 온 나라 안, 누구도 날짜를 모른다고 한다. 이래서는 천하가 보존되지 못한다. 온 나라 안에서 누구도 모르는 것을 오직 나 하나가 알았다간 내 몸이 온전치 못하리라."

그래서 자기도 술이 취해 모르겠다며 심부름꾼을 돌려보냈다 한다. 이것 또한 명철한 보신술이 아니겠는가. 적어도 앞날이 보이지 않는 시대에는 이것이 무난히 사는 길이라고 하겠다.

주지육림(酒池肉林) : 굉장히 많은 술과 고기로 호화롭게 잘 차린 술잔치를 이르는 말이다.

두연이나 기자와 같은 생활 태도는 중국인에게 매우 쉽게 찾아볼 수 있는 처세술이다. 이는 지금이나 옛날이나 변함이 없다.

억지로 그 원천을 찾아 본다면 '황로(黃老)의 술'이나 '노장 사상'에 당도할 것이다. 굳이 결점을 든다면 적극성이 결여되어 무기력하기 쉬운 것이다. 최근의 중국은 국민 특히 중년층의 무기력 때문에 고민하고 있다고 한다. 도회하여 보신을 꾀하고 인간 관계의 원만을 기하는 것도 좋겠지만 사업에도 크게 의욕을 불태우는 것이 바람직하지 않을까 한다.

44

분쟁의 불씨는 미리 해결해 두라

先小人, 後君子〈속담〉

함축성이 있는 교제 방법이 원활성을 만든다

〈장자〉라는 책에 이런 이야기가 실려 있다. 어느 날, 포정(庖丁)이라는 명요리사가 위나라 혜왕(惠王)의 어전에서 한 마리의 소를 잡아 보였다. 포정이 어깨에 힘을 주고 발의 위치를 정한 다음, 무릎으로 소를 누르고 손을 대자마자 순식간에 살과 뼈가 분리되어 갔다. 훌륭한 칼질은 리듬을 타고 마치 춤의 명수가 춤을 추는 듯했다.

"허어! 정말 잘하는구나. 마치 신기와 같도다."

혜왕이 무의식적으로 탄성을 올리자 포정은 칼을 놓고 이렇게 대답했다.

"황공하오나 지금 보신 것은 기술이 아닙니다. 기술이 극도에 이른 것 다음에 있는 것이라고나 할까요. 즉 도(道)의 경지라 할 수 있을 것입니다. 옛날, 이 일에 손을 댔을 당시에는 눈에 보이는 것은 소의 외형뿐이었습니다. 그러나 3년 가량이 지나는 동안에 소의 외형은 사라지고 뼈와 근육이 보이게 되었습니다. 지금에 이르러서는 육안에 의존할 것도 없습니다. 소를 대하면 마음이 활동하기 시작합니다. 이미 감각은 움직이는 것을 정지하고 마음만 활발히 움직입니다. 그 다음은 자연의 섭리에 따라 소몸에 자연적으로 갖추어지고 있는 틈과 틈 사이를 잘라나가기만 하면 됩니다. 그러므로 큰 뼈는 물론 근육이나 살이 뼈와 엉켜 있는 부분이라도 칼이 빗나가는 일은 없습니다. 보통의 요리사는 한 달에 한 번 칼을 바꿉니다. 베테랑이라도 일 년에 한 번은 바꿉니다. 뼈에 부딪쳐 부러져 버리거나 오래 사용하는 동안에 칼날이 못 쓰게 되기 때문입니다. 그러나 이 칼을 보십시오, 19년 동안이나 사용한 것입니다. 이미 수천 두의 소를 잡았으나 아직도 신품과 마찬가지입니다. 이는 소의 뼈마디에는 틈바구니가 있지만 칼날에는 두께가 없기 때문입니다. 두께가 없는 것을 틈 사이에다 넣는 것이므로 여유가 넉넉합니다. 그러므로 아무리 사용해도 칼날이 빠질 염려는 조금도 없습니다."

포정의 능숙한 칼솜씨는 뼈마디의 '틈'을 찾아냄으로써 생긴 것이지만, 이 '틈'을 인간 관계에 응용하여 서로가 '거리'를 둠으로써 인간 관계를 원만하게 하는 것이라고 인식하고 있는 것이 중국인이다. 이 '거리'를 또한 '함축'이라 해도 좋다.

이치를 따지지 않고도 해결하는 방법이 있다

거리를 둔다는 것을 대인의 지혜라고 하면 될지 모른다. 이것이라면 당면한 거칠은 관계를 피할 수도 있을 것이며 서로 다른 주장을 가진 자끼리 손을 잡으려고 할 때도 큰 위력을 발휘할 것이다. 중국인은 이것을 장기로 삼아 왔다. 그러나 여기에도 결점이 있다. 중국어에서 말하는 '마마호호(馬馬虎虎=적당히 애매하게)'가 되기 쉽다. 중국인은 일반적으로 이 결점을 면하지 못하고 있다. 예를 들면, 통계 수학이다. 중국에 인구 통계조차도 없다는 것은 널리 알려져 있는 사실이다. 그리고 생산 통계 등이 있다 하나 신용할 수 없는 것이 허다하다고 한다. 여기에는 거리를 두는 사고 방식, 나쁘게 말하면 '마마호호' 한 태도가 크게 관계되고 있다고 생각한다. 이런 태도는 인간 관계에 대해서 말하자면 나중에 가서 말썽을 일으킬 원인도 된다.

'선소인(先小人), 후군자(後君子)'라는 속담은 그러한 스스로의 단점을 근거로 한 다음에 나온 것으로 생각된다. 이것도 또한 일면의 진리이다. 여지를 두던지 '선소인, 후군자'로 하던지는 어려운 문제로 간단하게 어느 쪽이 좋다고 결정하지 못하지만 성급하고 직선적인 우리네에게는 거리를 두는 것에 유의하고 느긋하고 곡선적인 중국인은 '선소인, 후군자' 쪽으로 배려하는 것이 실수가 적다고 할 것이다.

45

용모로 사람을 판단하지 말라

以貌取人〈성어〉

복장이나 용모로 인물을 평가할 수는 없다

사람을 판단하는 경우에는 첫째로 그 사람이 입고 있는 복장에 눈이 가는 것이 일반적이다. 복장 따위야 별로 상관이 없다는 것을 알면서도 무의식 중에 그런 잘못을 저지르기 쉽다. 나의 친지 중에 상당한 재산을 가진 완고한 사람이 있다. 절대로 은행에 가지 않는 사람이었지만 어느 날, 갑자기 가야 할 필요가 생겨 작업복 차림인 채로 은행을 찾아갔더니 창구의 직원이 그를 대하는 태도가 말이 아니었다 한다. 그 친지는 그 날로 거래를 중지하고 정기예금을 몽땅 인출했다고 웃으며 말했다. 창구 담당은 나중에 지점장으로부터 크게 혼이 났을 것이다. 불운이라면 불운이지만 차림새로 사람을 판단했다는 것은 당연히 큰 잘못이라 하겠다.

복장이 좋지 않다면 용모는 어떨까. '40 세가 되면 자기 얼굴에 책임을 져야 한다' 고 할 정도이므로 복장으로 판단하는 것보다 용모 쪽이 더 비중이 높을 것 같다. 그러나 인간학의 달인인 그 공자마저도 실수를 범하고 있다.

공자의 제자 중에 담태멸명(擔台滅明), 자는 자우(子羽)라는 사람이 있었는데 그가 입문하기를 원하여 찾아왔을 때 공자는 한눈에 보고 이 자는 안 되겠다고 생각했다. 용모가 너무나 못생겼기 때문이다. 어디가 어떻게 못생겼었는지 이 이야기를 소개하고 있는 〈사기(史記)〉 '중니제자열전(仲尼弟子列傳)' 에는 구체적으로 설명한 기록이 없어서 알 길은 없으나 공자가 그렇게 생각했을 정도였으니 꽤나 못생긴 용모였음이 틀림없다. 공자는 담태의 정성에 인정이 끌려 제자로 입문하는 것을 허락하였으나 거의 기대는 하지 않았다. 그러나 드디어 학문을 이루어 공자 곁을 떠난 담태는 근실하고 정직한 인품으로 향당의 신뢰를 모아 그의 명성은 제후에게까지 알려지게 되었다. 그것을 들은 공자는 '나는 용모로서 사람을 판단한 결과, 자우를 잘못 보았었다' 라고 탄식했다고 한다.

과거와 현재의 행동을 대조해 보고 평가하라

용모로 정확을 기하기 어렵다면 다음으로 말할 수 있는 것은 말재주이다. 공자는 변설(말하는 기교)의 역할을 매우 중시하여 '언(言)' 에 대해 이야기하고 있다.

그러나 결국 공자는 이 말재주에 대해서 충분한 신뢰를 했다고는 말할 수 없다. 역시 공자의 제자 중에 재아(宰我)라는 사람이 있었다. '말 재주에는 재아와 자공' 이라는 말도 있듯이 공문에서 가장 말재주 있는 선비였는 듯하나 행동이 좋지 않았던 듯하다. 그는 〈논어〉에도 수 차례 등장하고 있기는 하나 언제나 공자에게 심하게 비판을 받고 있다. 어느 날, 공자는 이렇게 말하며 재아를 비판했다.

"나는 지금까지 말이 훌륭하면 사람도 신용할 수 있다고 생각했다. 그러나 지금에 와서는 말이 훌륭하다고 해도 행동을 확인하지 않으면 안심이 되지 않는다. 내가 이렇게 된 것은 재아 때문이다."

그러면 행동에서 사람을 판단한다는 것은 어떤 것인가. 첫째, 현재 어떤 일을 하고 있는가 관찰한다. 그러나 이것만으로는 불충분하다. 다시 거슬러 올라가 그 동기가 무엇인가 또 목적은 무엇인가를 조사해 보면 상대가 어떤 인간인지 안다는 것이다.

다급해지면 사람은 조반(造反)하고 개는 담장을 뛰어넘는다

人急造反, 狗急跳牆〈속담〉

개죽음하기보다는 조반의 길을 택하라

'궁지에 몰린 쥐, 고양이를 문다(염철론=鹽鐵論)' 라는 속담은 널리 쓰이고 있으나, 원래는 정부(고양이)와 백성(궁지에 몰린 쥐)의 관계에 대해 말한 이야기이다. '인급 조반(人急造反), 구급 도장(狗急跳牆)' 도 같은 뜻이리라. '조반' 이란 모반한다, 반항한다는 뜻이다. 모반하는 쪽이 나쁜가, 모반하도록 만든 쪽이 나쁜가. 중국인의 논리로는 명백히 모반케 한 쪽이 나쁘다고 되어 있다. 중국은 일관하여 '조반 유리(造反有理, 모반에는 이유가 있다)' 의 나라이며 중국의 역사가 '조반' 의 역사였다고 해도 과언이 아니다.

그 전형이 진승(陳勝)과 오광(吳廣)이다. 진(秦) 왕조의 학정하에서 살아갈 길을 잃은 그들이 진 왕조 타도의 기치를 든 것은 잘 알려져 있다. 이런 경우에는 진왕조뿐 아니라, 역대 왕조의 대부분이 '농민 기의(農民起義)'에 의해 붕괴되었다.

그렇다고는 하지만, 중국에는 '인급 조반' 대신 '인급 현량(人急懸梁, 다급해지면 목을 맨다)'라는 속담도 있는 바와 같이 열이면 열이 모두 일어나 조반한다고 보아서는 안 된다. 그러나 궁지에 몰려 더 이상 달아날 곳이 없을 때 중국인은 스스로 목을 매기보다는 조반의 길을 택하는 경우가 많았던 것으로 생각된다. 목을 매면 그것으로 끝장이 난다. 즉 개죽음이다. 조반이면 그 확률이 높다고는 하지 못하겠으나 왕후 장상이 될지도 모른다. 막다른 골목에 몰려도 현실적인 판단을 하는 것이 중국인이다.

중국인이 말하는 '조반 유리'에는 정부의 압정이라는 전제가 있다. 정치가 엉망이 되어 백성이 생존 조건을 빼앗겼을 때, 비로소 '조반'이 정당한 것으로 인정을 받는다. 무엇이거나 '조반' 하기만 하면 된다는 것이 아니다. 그리고 보면, 만년의 모택동이 '조반 유리'라고 하면서 홍위병을 부추긴 것은 좀 이상했다. 홍위병은 특별히 몰린 것도 아니며 당시의 '실권파'에게 그다지 혹독한 실정이 있었던 것도 아니다. 홍위병은 모택동의 탈권 투쟁에 이용되었다는 견해가 성립된다고 본다.

지나치게 몰아치면 반격을 당한다

'인급 조반'을 반대의 각도에서 병법에 채택하고 있는 것이 〈손자〉이다.

"적을 포위하면 반드시 달아날 길을 열어 놓아야 한다. 궁지에

몰린 적에게 공격을 가하면 안 된다." (9변편=九變篇)

왜냐하면 맹렬한 반격을 당하기 때문이다. 가령 약한 적이라 해도 죽음을 무릅쓰고 달려드는 상어와 싸우면 그에 상당하는 손해를 각오해야 한다. 그런 전쟁 방법은 졸렬하다고 〈손자〉는 말한다.

이 원리는 인간 관계에도 응용이 된다. 인간이란 다급하면 목을 매거나, 조반하거나, 무엇이나 못할 일이 없다. 인간 관계에 있어서도 그런 상태까지 상대를 몰아서는 안 된다는 것이 이 속담이 가르치는 바다. 아주 믿던 친구에게 배신당했다고 분개하는 사람이 있다. 확실히 배신은 나쁘지만 상대를 거기까지 몬 자신에게도 문제가 있는 것은 아닐까 반성해 볼 필요가 있으리라. 중국인이라면 이런 경우, 상대를 책망하기보다도 자신의 인간 이해의 미숙을 부끄럽게 생각할 것이다.

또 남을 책망할 때나 논쟁할 때, 상대의 입장 따위는 무시하고 잘라 버리는 사람도 있으나 이것도 고려해 볼 문제이다. 상대에게도 달아날 길쯤은 남겨 두는 편이 좋지 않을까.

47

관포의 교우-남자의 우정이란?

管鮑之交 〈성어〉

2500년 전에 있었던 사나이의 우정

그저 경제적 이익만을 추구하여 그것이 유일한 가치 기준이 된 듯한 사회에서는 '우정'이란 말을 끄집어내면 '바보 같은 소리'라고 웃음거리가 될 것 같은 생각이 든다. 그러나 그렇기 때문에 '우정'이라는 말이 한층 더 빛나 보이는 것이리라. 4, 50세나 된 아저씨가 중학교나 고등학교의 동창회에 부지런히 나간다는 말을 흔히 듣는데, 이런 것도 지난날 맺어진 '우정'에의 이렇다 할 이유도 없는 향수에서만 나오는 것은 아닐지 모른다.

진실한 우정이란 무엇인가라고 질문할 때, 당장에 떠오르는 것이 중국의 고전에 나오는 '관포지교(管鮑之交)'라는 말이다.

지금부터 약 2500년 전, 제나라에 관중(管仲)이라는 명재상이 나타나 국왕인 환공(桓公)을 보좌하여 제나라를 당시의 최대 강국으로 만들었다. 이 관중에게는 소년 시절부터 포숙아(鮑淑牙)

라는 친구가 있었는데 두 사람은 어떤 일을 하거나 행동을 함께 했다. 그때부터 포숙아는 관중의 뛰어난 재질을 알아보고 있었 다. 관중의 집은 가난했기 때문에 그는 자주 포숙아를 속였으나 포숙아는 불평 한마디 없이 끝까지 우정을 버리지 않았다.

성인이 된 두 사람은 나중에 길을 달리하여 관중은 공자규(公 子糾)를 섬겼고, 포숙아는 공자소백(公子小白)을 섬기게 되었다.

얼마 후, 규와 소백은 제나라의 왕위 계승권을 둘러싸고 골육 상쟁을 벌여 관중과 포숙아는 서로 적으로 갈라졌다.

관중의 뛰어난 재주보다도 포숙아의 인물

싸움의 결과, 소백편이 이겨 규는 죽고 관중은 잡히는 몸이 되 었다. 즉위하여 환공이 된 소백은 처음에는 관중을 용서할 마음 이 없었으나 옆에서 포숙아가 열심히 관중을 천거했다. 측근인 포숙아의 지극한 천거라 환공도 끝까지 거절하지는 못했다. 드 디어 관중의 죄를 사했을 뿐 아니라 재상으로 등용하여 국정의 전권을 맡겼다.

후에 관중은 공을 이루어 명성이 오른 다음, 포숙아의 우정에 대해 이렇게 이야기했다.

"내가 옛날 가난했을 때, 포숙아와 함께 장사를 한 적이 있었다. 이익을 나누는 데 있어서 내가 더 차지해도 포숙아는 나를 욕 심쟁이라고 비난하지 않았다. 내가 가난한 것을 알고 있었기 때문이다. 또 그를 잘 되게 하려고 계획한 일이 도리어 궁지에 몰리는 결과가 되었어도, 그는 나를 바보 같은 녀석이라고 책망하지 않았다. 사람이 하는 일이란 잘 되는 경우도 있고 그렇지 못한 경우도 있다는 것을 알고 있었기 때문이었다. 또 나는 세 번 싸워 세 번 달아난 경험이 있으나 그때도 그는 나를 비겁자라고 욕하지 않았다. 나에게 늙은 어머니가 있다는 것을 알고 있었기 때문이었다. 나를 낳아 주신 분은 부모이나 나를 이해해 준 사람은 포숙아이다."

천하의 사람들도 관중의 뛰어난 재주를 칭찬하기보다 포숙아의 인물을 잘 이해하는 재능을 높이 평가했다 한다."
후에, 당대(唐代)의 시인 두보도,

"너는 보지 않았느냐, 관포의 가난한 시절의 교우를,
이 길을 지금 사람들은 버리니 흙과 같도다."

라고 노래했으니, 확실히 관중과 포숙아의 교우는 그렇게 흔하게 있는 우정은 아닌 것 같다. 그러나 지난날 이러한 우정이 있었다는 것을 알고 있는 것만으로도 마음속에 상쾌한 바람이 불어오는 것처럼 느껴진다.

48

군자의 교우는
물과 같이 담담하다

君子之交, 淡如水 〈장자〉

소인의 인간 관계는 끈적끈적하게 달다

직장에서의 인간 관계나 친구와의 교우에 머리를 쓰거나 고민한 일이 있는 사람은 의외로 많지 않을까 생각된다. 거의 대부분의 사람이 그런 경험을 하고 있으리라고 생각된다. 그 만큼 인간 관계가 복잡하고 어렵기 때문이다.

인간 관계에 어떻게 대처할 것인가. 이는 오랜 것이고 또한 새로운 테마이지만 인간학의 달인인 중국인은 이 점에서도 수많은 명언을 남기고 있다. 가령 '군자의 교우는 담담하기가 물과 같다'라고 하는 말이다.

군자란 중국인의 이상적 인간상으로서 영국식으로 말하자면 젠틀맨에 가깝다. 소인은 그 반대로 가치 없는 인간을 지칭한다. 이 정도로 설명하면 〈장자〉가 말하려고 하는 것을 대개는 이해할 것이라고 생각한다. 군자의 교우는 물과 같이 담담하나, 소인의 교우는 감주처럼 달고 끈적끈적하다. 중국인이 이상적인 교제 방법으로 생각한 것은 담담한 군자의 교우였다.

항상 일정한 거리를 두고 나쁜 말은 삼가라

〈논어〉에도 같은 말을 다른 각도에서 한 것이 있다. '군자는 화(和)하여 함께 하고, 소인은 함께 하여도 화하지 않는다.' 즉 군자는 협조성이 많으나 무원칙적인 타협(無原則的妥協)은 하지 않는다. 소인은 그 반대이다. 함부로 타협은 하면서도 참된 협조성에 있어서는 결여되어 있다.

군자는 대인 관계가 우호적이지만 편파적이지는 않다. 진실로 우호적이다. 가령 절교한다 해도 상대의 욕을 하지 않는다고 한다.

이러한 교제 요령은 현대의 중국인 속에도 떳떳이 살아 있다.

첫째, 중국인은 인간 관계에 일정한 거리를 두고 쉽게 마음을 허락하지 않는다. '이만하면 되겠구나' 하고 확인하고서야 비로소 흉금을 털어 놓고 친구로 사귀기 시작한다.

혹, 신뢰하고 있던 친구에게 배신을 당하였을 때는 어떻게 하는가, 그들은 무엇보다도 먼저 그런 상대를 친구로 삼은 자기 자신의 불명(不明)을 부끄럽게 생각하여 상대에 대한 비난은 설사 입이 찢어져도 하지 않을 것이다. 왜냐하면 자신의 불명을 스스로 나팔불고 다니는 것과 마찬가지이기 때문이다.

제4장

하루하루를
무사히 넘기는 지혜

지나치게 좋은 일은 계속되지 않는다

多樂沒好嬉〈속담〉

상승 기운 다음에는 반드시 전락이 있다

〈역경(易經)〉 건괘(建掛) 三三(권위천=權爲天)에 '항룡(亢龍), 후회한다' 라는 유명한 대목이 있다. '항룡' 이란 끝까지 올라간 용을 말하며 '항룡, 후회한다' 란 기세가 왕성한 것이 나중에는 전락의 길을 걸어 뉘우치는 운명에 이른다는 것을 가르친 말이다. 이와 같이 극도로 성하다가 쇠퇴의 징조를 보인다는 것이 중국인의 인생 인식의 기복적인 태도이다.

예를 들어, 이런 이야기가 있다. 옛날 제나라에 위왕(威王)이라는 왕이 있었는데, 연회를 좋아해서 매일 저녁 놀자판에 빠져 있었다. 그런데 어느 날 밤 연회에서 순우곤(淳于髡)이라는 자가 주빈 자리에 앉게 되었다. 위왕은 기분이 좋아 술잔을 나누면서 순우곤에게 말했다.

"그대는 어느 정도 마시면 취하는가?"

"한 말에도 취하고 한 섬에도 취합니다."

"한 말에 취하는데 어떻게 한 섬을 마실 수 있는가?"

순우곤은 이렇게 대답했다 한다.

"어전에서 술을 마시면 긴장이 되어 한 말도 마시기 전에 취해 버립니다. 그러나 오랜만에 친한 친구와 만났을 때는 적어도 5, 6 말은 거뜬히 마시지요. 그리고 동네 사람들과 허물없이 마시게 되면 모르는 사이에 유쾌해져서 8말 가량은 마시나 세 번이면 한 번은 취해 떨어집니다. 다시 저녁때, 해가 떨어져 술자리가 어수선해져 정신이 없어지는 상태가 되면 신도 완전히 취해 있으나 이때는 이미 한 섬은 넘었을 때입니다."

무슨 일이든 극에 달하면 안 된다. 극에 달하면 반드시 쇠퇴하게 마련이다. 순우는 이런 도리를 말하여 위왕을 달랬던 것이다.

위왕도 어두운 임금은 아니어서 그 후, 연일 연야의 파티는 중지되었다고 한다.

직위를 고집하면 일신의 파멸을 초래한다!

또 이런 이야기도 있다. 순우와 거의 같은 시대에 범저(范雎)라는 인물이 있었다. 일개 설객에서 몸을 일으켜 대국인 진의 재상에까지 올라 '원교근공(遠交近攻)'의 외교 전략을 고안해내는 등 진나라의 부강에 공헌했으나 만년이 되어 중대한 실수를 하고 말았다. 그가 천거한 장군이 2 만의 군사를 이끌고 적에 투항한 것이었다. 투항은 3족을 멸하는 중죄이며, 더욱이 당시의 진나라 법으로는 천거한 자도 같은 죄로 문죄당했다고 한다. 범저는 다행히 왕의 신뢰를 얻고 있어서 면죄되긴 하였으나, 내심으로 무척 부끄럽게 생각하고 있었다. 그런 어느 날, 채택(採擇)이라는 설객이 범저에게 면회를 청하여 이렇게 말했다.

"〈일서(逸書)〉에도 '성공한 다음에는 오래 머물지 말라'고 나와 있습니다. 당신도 이 기회에 재상의 인수(印綬)를 반납하는 것이 현명하지 않겠습니까. 그렇게 하면 백이(伯夷)처럼 청렴함을 칭송받고 적송자(赤松子=전설의 신선)처럼 장수할 것입니다. 그러나 만일 지금의 지위에 언제까지나 연연해 하고 있으면 반드시 화를 당할 것입니다.〈역경(易經)〉에도 '항룡(亢龍), 후회한다'라는 구절이 있습니다. 올라가면 내려온다는 것을 모르고, 가기만 하고 돌아올 줄을 모르는, 그와 같은 사람을 비유한 말입니다. 부디 잘 생각해 보십시오."

범저는 곧 입궐하여 사의를 표하고 후임으로 채택을 천거했다 한다.

설득한 순우곤, 채택도 훌륭하지만 그것을 받아들인 위왕이나 범저도 과연 훌륭하다고 하겠다. 이것으로 보아도 중국인에게는 예부터 '항룡, 후회한다'는 인식이 있었던 것이다. 이것 또한, 중국인 특유의 균형 감각의 표현이라고 하겠다.

'지나치게 좋은 일이 있으면 나중이 좋지 않다'라는 속담도 그러한 데서 생겨났으리라. 중국인은 그와 같이 스스로에게 타이르며 나중에 닥칠지도 모르는 나쁜 상태에 대비했다.

50

소를 받으면
그 갚음으로 말을 주어라

得人一牛, 還人一馬〈속담〉

악의(惡意)에 보복하려면 직(直-이성)으로써 하라

인간 관계에 있어서의 대차 계산의 균형 문제를 다루고 있다.

'선의에는 선의로 갚아라' 라는 것이 이 속담의 뜻이다. 이는 명백히 공자의 '선의에는 선으로 보답함이 좋다. 덕은 덕으로써 보답하라. 〈논어〉'를 근거로 한 것이리라. 이에 대해서는 이의가 없으나, 골치 아픈 것은 악의에는 어떻게 대처해야 할 것인가 하는 문제이다.

가령 구약 성서에는 '눈에는 눈으로, 이에는 이로' 라고 동치반보주의(同値返報主義)로 되어 있는데 비해, 마태전에는 '남이 너의 오른 뺨을 때리면 왼쪽 뺨도 내밀어라' 하고 동해복수(同害復讐)를 엄하게 금지하고 있다는 것은 주지하고 있는 바다.

중국의 고전에는 이 문제에 대해 세 가지의 설이 있다. 첫째, 〈노자〉에서 '원한을 대하는 데 있어서 덕으로써 하라.' 즉 악의에도 선의로 대하라고 설득하고 있으며 둘째, 〈논어〉에는 '직으로써 원한을 갚아라'라고 나와 있다. '직(直)'이란 이성적인 판단이라는 뜻이라 하겠는데 공자는 반드시 악의를 선의로 갚을 것을 권하지는 않았다. 셋째로 〈예기(禮記)〉에는 '덕으로써 덕을 갚는 즉, 권할 바가 있다. 원한으로써 원한을 갚는 즉, 뉘우치게 된다'라고 되어 있어서 권선 징악의 견지에서 '눈에는 눈으로'라는 사상을 긍정하고 있다. 이에, 공자는 절충파라고 하겠다.

전쟁이라는 결정적인 국면에서 '악의'를 '선의'로써 대한 나머지 대패를 하여 세상의 웃음거리가 된 사람이 '송양 지인(宋襄之仁)'으로 알려진 송나라의 양공이라는 인물이다.

선의에 보답하는 것은 기본적인 인생 법도

옛날, 양공에 거느리는 송나라 군이 홍수(泓水) 강변에서 초나라의 대군과 마주쳤다. 이날, 송나라 군은 진형을 갖추고 초나라 군을 기다리고 있었으나 초나라군 쪽은 포진은커녕 아직 도강을 끝내지도 않고 있었다.

그것을 보고, 참모장인 목이(目夷)가 진언했다.

"적은 수가 많고 이쪽은 수가 적습니다. 적이 도강을 끝내기 전에 공격하는 것이 좋겠습니다."

그러나 양공은,

"그것은 안 될 말이다. 그런 비겁한 짓은 할 수 없다."
하고 받아들이지 않았다.

그 사이에 초나라 군은 도강을 끝내고 진형을 정비하기 시작했다. 목이가 거듭 공격을 진언했으나 이번에도 양공은,

"진형이 갖추어지면 공격하겠다."고 하며 끝내 공격 명령을 내리지 않았다. 결과는 뻔했다. 필경, 수에게 당하지 못해 송나라군은 무참하게 패하여 측근은 하나도 남지 않고 전사하고, 양공도 허벅지에 부상을 입고 패주했다고 한다.

악의에도 선의로 갚는다는 것은 어떤 의미에서는 인류의 이상이라고 하겠으나, 실제적인 문제에 있어 때와 경우를 고려하지 않는다면 송의 양공과 같은 실패를 하게 될 것이다. 이런 점에서 말한다면 '직(이성적인 판단)으로써 악의에 대한다' 는 공자의 주장은 매우 설득력이 풍부하다고 하겠다.

인간은 자기 혼자서는 살지 못한다. 많건 적건 사회 즉, 남의 도움을 받으면서 살고 있다. 그것을 어떻게 갚을 것인가 하는 것은 가장 기본적인 인생 법도의 하나라고 하겠다.

그 고장에 들어가면
그 고장에 따르라

入鄕隨俗〈성어〉

해외 진출에서 결여되기 쉬운 결점

현대 중국어에서는 '입향수속(入鄕隨俗)' 이란 성어 형식으로 통용되고 있는데 이는 첫째, 어디에 가나 그 고장의 풍속, 습관을 존중하고 그곳에 따르고 둘째, 어떤 환경에 놓여도 편안한 마음으로 산다는 두 가지 뜻이 포함되어 있다.

그런데 '그 고장에 들어가면 그 고장에 따르라' 라는 말에서 생각나는 것은 아시아의 여러 나라에 나가 살고 있는 일본인의 생활 방식은 모두가 이 말의 가르침과는 전혀 반대라고 하겠다. 특히 전후 동남아 여러 나라 사람들로부터 일본의 경제 진출에 대한 반발의 목소리가 드높아져, 지금도 그 불협화음이 가라앉지 않고 있는 것은 현지인들의 사고 방식이나 생활 방식을 무시하는 일본인의 행동에 그 원인이 있었다. 이것은 눈앞의 이익과 이어지기 때문인지 모르겠으나, 먼 장래의 일을 생각하면 거의가 현명한 방법이라고는 할 수가 없다. 어쨌든 찬성할 만한 일이 아닌, 일본인의 중대한 결점의 하나라고 하겠다.

상대적인 시야에서 자기의 환경을 판단하라

현재, 일본과 중국의 경제 격차는 매우 크다. 중국의 현재 수준은 특히 경제에 한해서, 40년 전의 일본 수준이라고 하겠다. 그 수준은 여행을 해보면 자연히 알게 된다. 사실을 말하면 나는 중국이 예상 외로 가난한 데에 새삼 놀랐다. 최근에 와서는 거의 예비 지식이 없는 일본인들이 계속 중국 여행을 떠난다. 이는 상호 이해를 깊게 하는 데는 매우 바람직한 일이겠으나 여행하는 사람들이 첫째로 놀라는 것은 역시 생활 수준의 차이라고 하겠다.

나와 함께 여행을 떠난 사람들이 그 전형이었다. 호텔의 서비스도 좋다고 할 수 없거니와 마이크로 버스도 고물차이고 안내받은 영화관도 일본으로 말하자면 3류 이하로, 잠깐 기분 전환을 하려고 해도 갈 곳이 없다. 보통의 '관광 여행'의 감각으로는 아무리 생각해도 쾌적하다고는 말하기가 곤란한 것이 중국 여행의 현실이다.

이런 가운데서 어떠한 중국 이해가 탄생할 것인가는 별로 낙관적이지는 않을 것이라고 생각된다. 친근감과 우월감이 묘한 형태로 뒤섞일, 그런 이해가 생겨날 위구(危懼)조차 없지 않다.

중국은 가난하다. 이는 부정할 수 없는 현실이다. 그러나 거기에는 일본과는 다른 내적인 가치관이 작용하고 있다는 것을 잊어서는 안 된다. 일본의 현실에서 중국을 보는 것과 동시에 중국의 현실에서 중국을 보는 눈이 요구되고 있다. 그것은 또한 '입향수속(入鄕隨俗)'이라는 성어가 가르치는 것이기도 하리라.

52

백 리의 길을 걸을 때는 90리가 반이라고 생각하라

行百里者半九十〈전국책〉

마무리를 잘못하면 애써 한 고생도 보람이 없어진다

'백 리를 가는 자는 90리를 반으로 삼으라' 는 말은 일을 성사 시키는 데 있어서 최종 단계의 마무리가 중요하다는 것을 지적 한 말이다.

전국 시대의 말기, 진(秦)나라의 세력이 마침내 왕성해졌을 무 렵의 이야기이다. 당시, 진나라 왕은 무왕이었다. 무왕은 자국의 우위에 안심하고 교만에 차 있었다. 이것을 걱정한 가신의 한 사 람이 무왕에게 간하여 마무리가 중요하다는 것을 설득하는 대목 에서 이런 말이 나온다.

이 가신이란 누구인지 기록에는 없으나 그는 한때의 우세에 도 취하여 최후의 마무리를 소홀히 하여 유종의 미를 거두지 못한 예로서 오왕 부차 등을 인용하면서 이렇게 무왕에게 간했다고 한다.

"시에 '백 리를 가는 자, 90 리를 반으로 한다' 라는 구절이 있으니 이는 마무리의 어려움을 말하고 있는 것입니다. 왕의 패업(覇業)이 이루어지느냐는 제후의 태도 하나에 달려 있습니다.

그런데 왕께서는 교만의 빛이 역력하며 또한 적극적으로 나서려고 하지 않습니다. 듣는 바로는 적수인 초(楚)왕도 같은 태도라고 합니다. 이렇게 되면 제후의 공격을 받는 것은 초나라가 아니면 진나라가 될 것입니다."

이 말은 원래 옛 시에 나와 있었던 것인데 그 시는 현재 전해지지 않고 있다.

순풍에 바람을 잔뜩 받았을 때 마무리가 결여되기 쉽다

그런데 진나라 무왕의 치세는 불과 4 년이었으므로 그 신하의 간언을 실제의 정치에 살리는 데까지는 가지 않았다. 이러한 태도를 스스로의 정치 자세에 살리려고 노력한 사람이 명군으로서 이름을 떨쳤던 당나라 태종(이세민-李世民) 이었다.

그는 평소 측근에게 이렇게 말했다고 한다.

"나라를 다스릴 때의 마음가짐은 병을 치료할 때의 주의와 똑같다. 병자란 쾌유하고 있을 때야말로 더욱 조심하여 간호를 해야만 한다. 무의식중에 방심하여 의사의 지시를 어기는 일이 있으면 그야말로 목숨을 잃게 될 것이다. 나라를 다스리는 데 있어서도 같은 마음가짐이 필요하다. 천하가 안정되어 가고 있을 때가 더욱 신중을 기해야 할 때이다. 그때가 되어 이제 안심이다

하고 방심을 하면 반드시 나라를 망치는 결과가 된다. 지금 천하의 안위는 내 어깨에 매달려 있다. 그러므로 나는 항상 신중을 본분으로 하고 가령 칭찬을 들어도 아직 충분치 않다 하며 자신을 훈계하고 있다. 그러나 나 혼자만의 노력으로는 불가능하다고 본다. 그래서 그대들을 나의 귀와 눈으로 삼아 왔다. 지금이야말로 나와 그대들은 일심 동체의 관계가 되어야 한다. 부디 앞으로 힘을 모아 마음을 하나로 하여 정치에 임해주길 바란다. 그리고 위험하다고 깨닫는 일이 있으면 감추지 말고 말하여라. 혹, 군신의 사이에 의혹이 생겨 서로의 마음속을 털어 놓지 못하게 된다면 나라를 다스려 나가는 데 있어서 더할 나위 없는 해가 미치게 될 것이다.”

당 태종은 이러한 자세로 정치에 임했기 때문에 그 치세는 잘 다스려졌다고 한다.

마무리가 중요하다는 것은 정치에서 뿐만이 아니다. 핀치를 맞았을 때, 투수가 전력 투구하여 강타자인 4 번 타자를 삼진으로 막았다. 이제 한시름 놓았다고 가슴을 쓸어 내렸을 때, 다음의 그다지 강하지 않은 타자에게 한방 먹게 된다. 야구에서 흔히 보는 광경이다. 비즈니스에서도 사정은 다를 것이 없다. 마무리 단계에서 좌절을 맛보는 경우가 얼마나 많은가. 오히려 만사가 순조롭게 진행되고 있을 때야말로 더 한층 안전 운행으로 ‘마무리’를 짓는 것이 바람직하다.

53

때를 만나 번성하는 인물을 섬기는 것은 위험의 근원

大名之下 難以久居〈사기〉

안정 기업이라 해서 반드시 영원한 것은 아니다

안정 지향, 그 자체를 이해 못하는 것은 아니나 오늘날의 젊은 사람들이 이다지도 공무원이나 일류 기업에 끌리는 모습을 보면 '잠깐 기다려요' 하고 찬물을 끼얹고 싶다. '기대려면 큰 나무 그늘에'라는 말이 있기는 하나 그 큰 나무가 언제까지나 주위를 계속 내려다보면서 있을 수는 없다. 그뿐 아니라 큰 나무일수록 바람을 크게 타서 도리어 쓰러질 위험이 크다고 보는 것이 중국인의 인식이다.

'큰 벼슬(大官)일수록 위험이 따르고, 큰 나무(大木)일수록 바람을 강하게 받는다'(官大有險, 樹大招風)=속담

'천지의 도가 극도에 달하면 뒤집어지고, 꽉 차면 손해가 된다.(天地之道, 極則反, 盈則損)=〈회남자(淮男子)〉

'차면 전복된다'(滿則覆)= 순자

그런데 '큰 인물(大名) 아래서는 오래 있기가 어렵다' 라는 것도 이와 똑같은 발상으로 출처 진퇴(出處進退)에서의 중국인의 인식을 나타낸 말의 하나라 하겠다. 이 말을 한 자는 범려(范蠡)라는 사람이다.

범려는 '와신상담(臥薪嘗膽)'의 고사에서 유명한 월왕 구천을 섬긴 모신(謀臣)으로 구천과 고생을 함께 하면서 드디어는 숙적인 오왕 부차를 쓰러뜨리는 데 성공하여 대장군에 임명되었다. 그러나 신하로서는 최고 지위에 오른 바로 그때, 그는 이 말을 남기고 어디로인지 자취를 감추고 말았다고 한다. 〈사기〉에 의하면 그 후, 제나라로 옮겨 가 아들들과 땀 흘리며 농사에 열중하여 수십만의 부를 쌓았다고 한다. 그리고 제나라에서도 그의 재능을 탐내어 재상 취임을 간청했다고 한다.

'재야에 있으면서 천금의 재물을 쌓았고 관직에 있으면서 재상의 지위에 올랐다. 필부에게 있어서 이 이상의 영달은 없을 것이다. 그러나 영예가 오래 가는 것은 화의 근원이 된다.' 라고 하면서 재산을 마을 사람들에게 나누어 주고 도(陶)라는 거리로 옮겼다. 그리고 도주공(陶朱公)으로 이름을 바꾸어 상업에 종사하여 거기에서도 당장에 거만(巨万)의 부를 쌓았다. 후에 도주공의 이름은 부호의 대명사로서 천하에 울렸다고 한다.

〈사기〉의 이 기록은 실제로 있었던 것인지 아닌지 의심스러운 점도 있으나, 범려와 같은 생활 방식이야말로 고래부터 중국인이 그들의 이상형으로 여겨 왔던 것이다.

어떤 성공도 출처 진퇴(出處進退)를 잘못하면 무(無)로 돌아간다

범려의 예와 대조적이었던 것은 구천을 섬겼던 또 한 사람의 중신인 문종(文種)의 생활 방식이다. 그는 공을 이루어 명예를 얻고도 계속 구천 밑에 머물러 있었다. 그 문종에게 제나라에 있던 범려는 이와 같이 서한을 보냈다.

"날으는 새가 다(盡)하여 양궁(良弓)을 거두어 넣고, 민첩한 토끼(狡兔)가 죽어서 달리는 개를 삶아 죽인다고 합니다. 월왕은 목이 길고 입이 검습니다. 이것은 좋지 않은 인상입니다. 고생은 함께 할 수 있어도 즐거움은 남과 나누지 않는 인품입니다. 늦기 전에 지금 진퇴를 고려해 보심이 좋을 것입니다."

그 이후, 문종은 병을 칭하고 집에 들어앉았으나 곧 모함하는 자가 나타나 모반 혐의로 자살을 명령받았다고 한다.

문종이 살아가는 방식과 비교하면 범려의 '명철보신(明哲保身)' 하는 태도는 한층 돋보인다. 앞으로 다시 돌아가 정리하면, 큰 나무라고 해서 반드시 안태한 것이 아니라고 하면 어떻게 살아가는 것이 이상적일까. 나 같은 사람에게도 가끔 인생 상담 비슷한 이야기를 하는 젊은이가 없는 것도 아니다. 나는 공무원이나 소위 일류 기업에 몸을 두는 것을 반드시 반대하는 것은 아니다. 당면의 일로 한정시켜 말한다면, 그러한 직종들은 무엇보다도 안정성이 있다. 그래서 능력이 되면 그런 곳을 목표로 삼는 것이 좋다고 대답하기로 하고 있으나 다만 들어가게 되어도 결코 안심하지 말고 오히려 들어간 후의 공부가 중요하다고 다짐을 받도록 하고 있다. 20년, 30년 후를 고려한다면 지금 번영을 자랑하고 있는 대기업이라 하더라도 앞으로 어떻게 될지 누가 알겠는가. 그런 것도 염두에 두고 회사를 그만두게 되더라도 통용될 만한 실력을 갖추어 놓으라고 말한다. 가능하면 혹 공인회계사와 같은 국가 시험이라도 목표로 하여 독립을 시도하는 것이 더욱 바람직할 것이다.

만일, 범려가 지금 일본에 살고 있다면 아마 애초부터 공무원이나 대기업을 목표로 하지는 않았으리라. 규모는 작아도 장래성이 있는 회사를 선택하여 그것을 키워 나가는 데서 당면의 보람을 찾았을 것이라고 생각한다.

54

남을 울리고 성공하여 오래 계속되는 일 없다

酷薄成家, 理無久享〈속담〉

한 잔의 술을 아껴 목숨을 잃은 이사(夷射)

수완꾼이니 사업꾼이니 하고 불리우는 사람들이 있다. 그러나 그들의 말로는 그것이 그다지 좋지는 않다고 한다. 최근 로키드나 그라만의 항공기 오직 사건에서 표적이 된 회사의 비즈니스맨들이 그 전형적인 타입이었다. 왜냐하면 사업 도중에 당한 사람들의 원한이나 앙심을 샀기 때문이다.

〈한비자〉에 이런 이야기가 있다.

옛날, 제나라의 대신 중에 이사(夷射)라는 자가 있었다. 어느 날, 왕의 초대연에 갔다가 술에 취해 밖으로 나와 문에 기대서서 바람을 쐬고 있었다. 문지기는 그전에 다리를 잘리는 형을 받은 사나이였다.

"남은 술이 있으면 조금 주십시오."

하고 문지기가 간절히 부탁했다.

"시끄러워, 저리 가. 죄수 주제에 감히 어디에 대고 술을 달라는 거야."

문지기는 물러갔으나 이사가 돌아가자 문의 빗물 떨어지는 곳 근처에다 마치 소변을 본 흔적처럼 물을 뿌려 두었다.

다음날 아침, 왕이 문 앞에 나와 보고 호통을 쳤다.

"어느 놈이 여기다 소변을 보았느냐?"

"그건 잘 모르겠사옵니다만, 어젯밤 대신인 이사 대감께서 거기에 서 계셨습니다."

제왕은 이사를 사형에 처했다고 한다. 단 술 한잔으로 인해 사형을 당하다니 이사가 불운했다고 할 수도 있겠으나 중국인의 생각으로는 그의 소행을 인간학의 기본도 모르는 자의 행실이라고 평해도 하는 수 없을 것이다. 술 한잔의 일이라 할지라도 문지기의 보복이 충분히 있을 수 있다는 것을 잊었다는 것은 지각이 없다는 것밖에 되지 않는다. 하물며 인간으로서의 자존심을 손상당하거나 생활의 길을 빼앗길 만한 타격을 받으면 상대를 원망하지 말라고 해 보아도 아무 소용이 없다.

수완꾼이나 사업꾼들은 자신도 모르는 사이에 그런 '적'을 만들어 버린다. 순조롭게 진행되는 동안은 별다른 일이 없다. 그러나 한번 사정이 바뀌어 내리막이 되면 당장에 원한이 분출하여 너도나도 덤벼들어 팔다리를 잡아당기는 형국에 빠지게 된다. 중국인은 그것의 무서움을 너무나 잘 알고 있다.

가혹한 지배는 반드시 실패를 초래한다

중국 역사상 '가혹' 때문에 무덤을 판 최대의 인물은 진시황일 것이다. 그는 처음으로 중국 전토를 통일하는 대업을 해낸 인물이었으나 성격적으로는 혹독하고 박정한 듯했다. 지난날, 그를 섬겼던 위료(尉燎)라는 사람은 그를 이렇게 평했다.

"진왕(진시황)은 매부리코에 눈이 가늘고 가슴은 매처럼 불룩 튀어나왔고 목소리는 늑대와 흡사했다. 아무리 보아도 인간다운 마음씨의 소유자는 아니다. 곤궁할 때는 달게 남의 바람막이로 서지만 일단 형편이 좋아지면 사람을 사람으로 생각하지 않는 사나이다. 지금은 나 같은 자에게도 겸손한 태도를 보이나 나중에 천하를 장악하게 되면 제멋대로 놀려고 할 것이다. 언제까지나 상종할 상대는 아니다."(《사기》시황본기=始皇本記)

위료의 예언대로 드디어 천하를 넣은 시황제는 만리 장성과 아방궁(阿房宮) 건조를 착후하여 백성에게 가혹한 부담을 강요했다. 그 결과, 그의 사후에 일어난 태풍과 같은 항폭 운동에 의해 제아무리 강대했던 진제국도 어이없이 멸망하고 말았다.

'남을 울리고 성공하면 오래 가지 못한다.' 수완꾼이라고 자타가 인정하는 사람일수록 이 말을 명심해 두는 것이 좋을 것이다.

55

자식을 제멋대로 기르면 변변한 인간은 되지 않는다

成人不自在, 自在不成人〈속담〉

방임주의로는 훌륭한 자식으로 키우지 못한다

'어른' 대 '아이'의 관계에 대해 말하자면 현재 세계의 수많은 문명국 중에서 일본만큼 어른이 아이의 응석을 받아 주는 나라는 없을 것이다.

얼마 전에도 어느 신문에 미국에서 자란 주부의 이런 감상문이 실려 있었다.

"내가 처음으로 미국 어머니들과 일본 어머니의 차이를 느낀 것은 유치원 소풍 때였다. 버스가 아침 8시 45분쯤에 고속 도로를 달리게 되자 일본 어머니들이 추잉검과 캐러멜 따위를 꺼내어 아이들에게 주는 것이 아닌가. 그래서 나는 매우 놀랐다. 어린이들도 곧 '줘, 줘' 하자 '그래, 그래. 줄게' 했다."

이런 응석의 구조는 일상 자주 보는 광경이라 해도 좋다. 요얼마 전 필자도 이런 경험을 했다. 길가에 가방을 든 채 서 있었는데 유치원에 다닐 만한 여자 어린이가 달려오다 부딪쳐 다리에 가방이 닿았던 것 같다. "아이구, 아퍼" 하고 그 여자아이는 큰 소리로 울어대면서 필자를 노려보았다. '부딪친 것은 아저씨 탓이야' 라고 하는 얼굴 표정이었다. 이런 아이들이 나중에 자라 어떤 어른이 될 것인가. 자주 관계자가 우려하는 바이지만 사태는 조금도 달라지지 않고 있다.

중국의 경우는 어떤가. 아이들을 소중히 여기고 귀여워하는 점에 있어서는 그들도 결코 남에게 뒤떨어지지 않는다. 그러나 그처럼 응석을 부리게 하지는 않는다. 그리고 무엇보다도 다른 것은 중국에서는 가정뿐만 아니라 사회 전체가 아이들의 성장을 지켜보는 자세를 느낄 수 있었다는 것이다.

중국이란 곳은 원래 '효'가 모든 것보다 우선한 사회이며 '장유유서(長幼有序)'의 나라였다.

"부자유친(父子有親)하고, 군신유의(君臣有義)하고, 부부유별(夫婦有別)하고, 장유유서(長幼有序)하고, 붕우유신(朋友有信)이라."(〈맹자〉)

이것을 '오륜(五倫)'이라 한다. 그 중에는 이미 사어가 된 것도 들어 있으나 대부분의 항목은 지금도 사람들의 의식 속에 살아남아 음으로 양으로 그들의 행동을 규정하고 있다고 보겠다. '장유유서'의 나라에서는 아이들이 제멋대로 하는 방임주의로 자라는 일은 없다.

지육(知育)·덕육(德育)·체육(體育)을 세 기둥으로 하여 길러라

여기에 또 하나, 해방 후의 중국에서 요란하게 떠들어 온 것은 '접반인(接班人 - 후계자)'의 양성이었다. 혁명의 성과를 다음 세대인 아이들에게 단단히 계승해 주었으면 하는 어른들의 간절한 바람인 것이다. 교육의 세 가지 기둥으로서 지육 . 덕육 . 체육이 중시되어 '하방운동(下放運動)'이라는 장대한 실험이 시도되어 온 것도 그 때문이다.

79년에 중국을 방문하였을 때, 유치원 두 곳과 소학생의 과외활동장인 '소년궁' 한 곳을 참관할 기회가 있었는데 어느 곳이나 예상 외로 엄격하게 아이들을 가르치고 있다고 생각했다. 가령, 소년궁에서 본 발레 교습이다. 소학교 4, 5학년의 반이었는데 기초를 단단히 주입시키고 있는 듯, 몸의 선을 완전히 사용한, 참으로 훌륭한 연기를 해 보였다. 내가 살고 있는 지역에서도 매일 저녁이면 발레 교실이 열리고 있어서 지나가다가 잠시 들여다보기는 하지만 솔직히 말해서, 우리 동네의 발레 교실은 소년궁의 그것과 비교하면 그저 장난에 불과했다. 아이들의 기술 수준도 그렇거니와 가르치는 측의 의욕도 완전히 달랐다.

또 2 주일 동안, 우리 여행단을 돌보아 준 통역인 번씨는 1년 전, 외국어 학교의 일본어과를 졸업했다고 했는데, 나이가 들어 보여서 몇 살이냐고 물어 보았더니 중학교를 졸업하고 6 년간이나 동북의 농촌에서 지냈었다고 했다. 그런 고생을 맛본 탓인지 정신 상태가 똑바로 서 있어, 아직 20대의 젊은이였는데도 이미 인간이 되었다는 인상을 받았다. 이러한 아이들이나 젊은이들과 접촉하는 사이에 나는 그들을 일본의 같은 세대들과 비교하게 되었고 점점 일본의 장래가 걱정스러워졌다.

　중국에서도 요즈음은 '문화 혁명' 시기에 대한 반동인지 교육적인 면에도 학력 우선주의가 부활하여 '하방운동'이 축소되는 경향이 있다고 전해지고 있다. 이러한 정책면에서의 시행 착오는 금후에도 피하지 못하겠지만, 어떻게 변해 가든 일본처럼 아이들에게 응석을 부리게 하는 구조는 용납되지 않을 것으로 생각된다.

56

암탉이 울면 집안이 망한다

牝難之晨, 惟家之索〈서경〉

재주가 빼어난 선비도 여색에 빠지면 어리석어진다

'암탉이 울면 집안이 망한다.' 말할 것도 없이 홰를 치는 것은
장닭이다. 암탉이 나서서 홰를 치게 되면 집안에 되는 일이 없다
는 속담의 뜻이다. 원래 주(周)나라 무왕이 은(殷)나라 주왕의 일
을 지칭하여 말한 것이라고 전해지고 있다.

중국에서 폭군이라 하면 하(夏)나라의 걸(桀)왕과 함께 이 주
왕이 꼽힌다. '걸주' 는 폭군의 대명사이며, 반면에 교사(教師)의
견본이 되는 인물이었다. 그뿐 아니라 머리는 명석하고 말주변
도 상당하여 남보다 뛰어난 재능을 내세워 남을 얕잡아 보는 나
쁜 버릇이 있었다고 한다. 폭군으로서 악명을 천추에 남긴 원인

서경(書經) : 삼경 또는 오경의 하나로 중국 요순(堯舜)때로부터 주(周)나라에 이르기까지의 정치
사(政治史), 정교(政教)를 적은, 중국에서 가장 오래 된 경전이다. 공자가 수집하여 편찬한 것이라 하
나 그 이루어진 연대는 일정하지 않으며, 특히 고문(古文)은 위진의 위작으로 알려져 있다. 20권 58
편으로 되어 있다.

이 된 것은 달기(妲己)라고 하는 미녀를 총애하게 되었기 때문이었다.

주왕은 달기의 말이라면 무엇이나 들어 주게 되었다. 그녀의 환심을 사기 위해 호화로운 저택을 짓고, 진귀한 물건들을 갖추어 놓고, 밤낮을 가리지 않고 음란한 음악을 연주하면서 환락에 젖어 있었다. 그 중에서도 어처구니없는 일은 '주지육림'의 놀이였다.

연못에 술을 부어 가득 채워 놓고 나무마다 고기를 매달아 밤을 새워 연회를 벌였으며, 나체의 남녀가 광태의 극을 이루는 것을 바라보면서 희열에 취했던 것이다. 물론 정치 따위는 염두에도 없었다. 신하 중에는 이를 보다 못해 주왕에게 간하는 자도 있었다. 그러자 주왕은 '포락(炮烙)의 형(形)'이라는 형벌을 만들어 놓고는 그들을 처형했다. '포락의 형'이라는 것은 숯불 위에 기름을 칠한 구리 기둥을 걸쳐 놓고, 그 위를 걸어가도록 하는 것인데 잘못하여 미끄러져 떨어지면 이글이글 타고 있는 숯불 속으로 떨어지게 되는 형벌이다.

주왕은 달기와 함께 그것을 구경하면서 그 가여운 사람들이 지르는 짧은 비명을 들으며 흥겨워했다고 한다. 이런 무도한 행위가 백성의 원망을 사지 않을 수 없었다. 드디어 주왕은 백성들의 원망을 한 몸에 받아 몸도 나라도 망치고 말았다. 그가 그렇게 된 것은 달기 때문이었다. '암탉이 울면 집안이 망한다'란 주나라의 무왕이 은나라의 주왕을 가리켜 한 말이다.

여성 상위가 되어 가고 있는 근대화 중국

중국의 역사를 살펴보면, 왕후나 태후가 황제를 제치고 정치의 실권을 쥐고 흔들어 나라가 어지럽혀진 예가 몇 번이나 있었다.

최근에는 송미령 여사(고 장개석의 부인)나 강청 여사(고 모택동의 부인)를 그 예로 들 수 있다. 그녀들은 어느 쪽이나 정치의 표면에까지 나타나 사람들의 빈축을 샀다. 이런 예를 보면 '역사는 되풀이된다' 는 말이 생각난다.

유교 도덕이 지배했던 지난날부터 중국은 철저한 '남존여비(男尊女卑)' 의 사회였으며 남자는 바깥, 여자는 안이라는 협업 관계가 유지되어 왔다. 남자들은 온갖 방위 장치를 모두 강구하여 여자들을 규방에만 가두어 놓으려고 했다. 부모를 섬기고, 남편을 따르고, 자식을 낳아 기르고, 가사를 돌보는 것이 여자의 할 일이었다. 그러나 남자의 정치력에도 한계가 있어서 때로는 규방이라는 장소를 방패로 하여 표면에까지 진출하는 여성이 나타났다.

그런 형태로 억눌려 있던 삶의 활력이 분출한 것이다. 중국의 여성은 음식 관계 때문인지는 정확히 알 수 없으나 원래 일본 여성에게는 없는 활력을 가지고 있다. 성격도 이기적이다. 유교 도덕을 내세워 억누르려고 했던 남자도 엉큼하겠지만 겉보기엔 눌려지내는 체하면서도 여차하면 욕망의 활력소를 분출시켜 온 여성 쪽도 여간이 아니었다. 수천 년대의 볼 만한 공방이 바로 거기에 있었다.

오늘날의 중국은 '하늘의 절반은 여자가 떠받친다' 는 말처럼 여성의 사회적 진출이 눈부시다. 이는 오랜 중국 역사에서도 처음 있는 현상일 것이다. 여성의 활력을 발산시킬 수 있는 배출구를 발견했다는 느낌이다. 물론 주머니 끈은 여성이 단단히 쥐고 있는 것 같았다. 상해의 어느 가정을 방문했을 때, 자주 그것에 대한 화제가 나왔는데 그때마다 중년의 뚱뚱한 부인은 '당연한 걸요'라고 말하는 것 같은 표정으로 쌩긋 웃었다. 또 어느 신문에 용지행(容支行)이라는 축구 선수의 인터뷰 기사가 실려 있었다. 31세, 최근에 결혼해 부인도 체육 학원에서 체조 코치를 하고 있으며 딸이 하나 있다. 이 용씨가 출전한 1978년의 아시아대회에서 중국 팀은 3위를 하여 보너스로 선수 1인당 나라에서 240원(元)의 장려금을 받았다고 한다. 봉급의 5개월치에 가깝다.

'그 돈은 어디에 썼나요?'라는 질문에 용씨는 '허어, 몽땅 아내에게 빼앗겼어요'라고 멋쩍은 듯이 웃었다고 한다.

이 기사를 통해 가정 내에 있어서의 여성 상위의 현상을 읽을 수 있을 것이다. 이것은 지금에 시작된 것이 아니다. 예부터 중국에서는 가계의 관리를 여성이 맡고 있었다.

그러나 이 현상이 표면적인 정치 마당에까지 확대되고 보니 남성들은 또 '암탉이 운다'라는 말을 연상할지도 모른다.

지금 주은래의 미망인인 등영초(鄧頴超)에게 인기가 모여 있는 것은 그녀의 경우, 강청(江靑)과는 달리 겉과 안의 마무리를 제대로 해왔기 때문일 것이다. 있어야 할 협업 관계를 모색하는 남과 여의 싸움은 앞으로도 계속될 것으로 생각된다.

57

물을 마실 때는 우물을 판 사람의 노고를 잊지 말라

吃水的不忘掏井的〈속담〉

과거와 현재와의 관계를 무시하지 말라

중국인은 과거와의 연속성을 중시한다. 은인과 원수를 함께 포함하여 간단하게 잊지 못한다.

중국인의 접반인(후계자) 양성에 있어서, 해방 전에는 어떠한 상태였는가, 아버지와 어머니, 조부와 조모의 세대가 어떤 고생을 하여 오늘의 상태를 가져왔는가를 정확하게 아이들에게 가르친다. 그러나 일본인은 이런 교육을 그리 열심히 하지 않는다. 따라서 근자 약 백 년 동안 일본이 중국이나 한국에 대해 어떤 일을 저질렀는지 알지 못하는 젊은이가 많아서 상식으로 되어 있지 않다. 일본인에게 있어서는 가능하면 피해서 지나가고 싶을지도 모른다. 그러나 그렇게 되면 같은 일이 되풀이될 우려가 있다.

끈질긴 것 같지만 중국인은 과거를 잊지 않는다. '한 술의 덕도 반드시 보답하고 하잘것없는 작은 원한도 반드시 갚는다(《사기》)'는 말도 있듯이 은혜와 원수, 사랑과 미움을 함께 잊지 않는다. 이것이 중국인이라고 하면 어폐가 있겠지만 인간은 그렇게 하는 것이라고 중국인은 이해하고 있는 듯하다.

가령, '두자춘(杜子春)'이라는 당나라 때의 소설이 있다. 그 안에서 두자춘이 신변 정리를 하고 신선에게 수업의 길을 떠나는 대목이 나오는데, 그때의 신변 정리 방법이 '지난날 은혜를 입은 자에게는 하나도 남김 없이 은혜를 갚고, 원수를 진 자에게는 빠짐없이 보복을 했다'라고 되어 있다. 후단의 대목은 일본인의 감각으로는 '뭐 그렇게 하지 않아도 될 텐데' 하고 생각하지만 이것이 중국인의 인식이라고 말하지 않을 수 없다.

58

'自'와 '大'를 겹치면 취(臭)자가 된다

自大是一個臭 〈속담〉

소인일수록 보잘것 없는 실력을 과시하고자 한다

'자대(自大)'라는 것은 자기가 스스로를 훌륭한 사람이라고 생각하여 잘난 체하는 것을 말한다.

그렇게 되면 '취(臭)' 즉, '취기(臭氣)가 뭉클뭉클 나서 코를 들지 못할 것이다' 하는 것이 이 속담의 뜻이다. 중국인이 아니라해도 그런 사람과는 상대를 하지 않는 것이 좋다.

그런데 이 속담에서 연상되는 것은 '야랑자대(夜郎自大 〈사기〉서남이열전=西南夷列傳)'이라는 옛 속담이다. 옛날 한(漢) 왕조가 중국 전토를 통치하고 있을 때 맨 남쪽 끝에 야랑(夜郎)이라는 나라가 있었다. 나라라고는 하지만 부락에 털이 붙은 정도의 나라로서 한나라와 비교한다면 달과 밤알만큼의 차이였다. 게다가 사람의 왕래도 드문 산골 깊숙한 지역이어서 바깥 정세도 잘 모르는 곳이었다. 어느 해, 이 야랑국에 한나라 사신이 왔을 때, 야랑의 왕은 그 사신에게 '한나라는 우리나라만큼 큰가?' 하고 물었다 한다. 사신이 무엇이라고 대답했는지 〈사기〉에는 아무런 기록이 없으나 아마 어처구니가 없어서 말문이 막혔으리라. 〈사기〉의 저자인 사마천(司馬遷)은 '길이 통하지 않음으로써 한의 광대함을 모른다' 라고 결론짓고 있다. 여기에서 '야랑자대' 라는 말이 생겨났다.

큰 인물은 잘난 체하지 않는다

스스로 크다(自大)고 믿는 것은 왕뿐이 아니었다. 이런 이야기가 있다. 후한(後漢)의 광무제(光武帝)가 즉위했을 때 촉나라 땅에는 공손술(公孫述)이라는 자가 스스로 황제라 칭하여 대항 세력을 이루고 있었다. 그때 또 한 사람, 북서의 롱서(隴西) 땅에 할거하여 있던 외효(隗囂)라는 호족은 광무제 편에 붙을 것인가 공손술 편에 붙을 것인가 거취를 정하지 못한 끝에 부하인 마원(馬援)이라는 장수를 공손술에게 보내 힘의 정도를 탐지토록 하였다. 마원과 공손술은 예부터 친구 사이인 처지였다.

"내가 가면 옛날처럼 손을 잡고 반겨 줄 것이다."

마원은 이렇게 기대하고 떠났다. 그런데 촉의 도읍에 당도해 보니 호위병이 위엄을 갖추고 서먹서먹한 영접을 하는 것이었다. 마원은 수행원을 돌아보고 이렇게 말했다.

"안 되겠군, 겉치레만 거창하게 하여 과시하는구나. 이래서는 천하의 지사를 자기편으로 끌어들이지 못한다."

서둘러 물러나와 외효에게 보고했다.

"공손술은 분별없이 거창하게 으스대기만 합니다. 고작 우물 안의 개구리에 지나지 않습니다."

그 후 마원은 다시 외효의 친서를 가지고 서울에 광무제를 찾아간 일이 있다. 대기실에서 기다릴 사이도 없이 광무제가 친히 회랑을 따라 걸어 나와 영접을 했다. 보아 하니 머리에 두건도 쓰지 않고 맨머리로 미소를 지으며 말을 걸어왔다.

"여어, 귀공의 소문은 벌써부터 듣고 있었네. 과연 들은 대로 덕망과 재능이 있어 보이는군."

마원은 머리를 깊이 숙였다.

"지난날 어릴 적 친구인 공손술을 찾아갔었습니다. 실로 거만한 접견 태도였습니다. 그러나 폐하는 자객인지도 모르는 첫대면인 이 사람을 이다지도 소탈하시고 다정하게 대해 주시니 무슨 까닭이십니까?"

"아니야, 그대는 자객이 아닐 것이다."

외효가 후에 그 일을 보고받자 곧 자기 아들을 서울로 보내 광무제를 섬기게 했다. 촉의 공손술이 광무제에게 망한 것은 그 후 얼마 되지 않아서였다.

자대―잘난 체하는 것이 어째서 나쁜가. 거기서 풍기는 구린내 때문에 공손술처럼 제 발로 다가오는 상대마저 쫓아 버리기 때문이다. '자(自)와 대(大)를 겹치면 추(臭)자가 된다'는 말은 아주 그럴 듯한 풀이였다.

59

양약은 입에 쓰나 병에는 좋다

良藥苦口 〈성어〉

'예' 하는 부하보다 '아니오' 하는 부하를 가져라

〈공자가어(孔子家語)〉라는 책에 '양약은 입에 써도 병에는 좋다. 충언(忠言)은 귀에 거슬려도 행(行)하는 데는 좋다' 라고 나와 있다. 이 말은 공자가 한 말이라고 한다. 현대 중국어에서는 '양약고구(良藥苦口)' 라는 성어로 통용되고 있으며〈양약〉이 충고나 꾸중, 타이르는 말의 뜻이라는 것은 우리 나라도 마찬가지이다.

공자가 한 말의 원래의 뜻도 그러한 것이었으리라. 과오를 범하지 않으려면 충고나 꾸중을 해 주는 사람이 있어야 한다.

〈효경(孝經)〉에도 이렇게 나와 있다.

"천자(天子)에게 쟁신(爭臣) 일곱 사람이 있으면 무도(無道)라 할지라도 천하를 잃지 않고 선비(士)에게 쟁우(爭友)가 있으면 일신에 명명(命名)이 떠나지 않고 아버지에게 쟁자(爭子)가 있으면 일신이 불의에 빠지지 않는다."

은나라 탕왕이나 주나라 무왕은 거리낌없는 간언을 하는 쟁신을 가졌으므로 성천자(聖天子)라고 칭송을 받았다.

"탕무(湯武)는 '안 된다, 안 된다' 하고 거리낌없이 바른 말을 하는 것으로 번창했고, 걸주(桀紂)는 '네, 네, 맞습니다' 라는 말로 망했다. 임금에게 쟁신(爭臣)이 없고, 아비에게 쟁자(爭子)가 없고, 형에게 쟁제(爭弟)가 없고, 선비에게 쟁우(爭友)가 없이 과오가 없는 자는 아직 있지 않다." (《공자가어》)

하(夏)나라의 걸왕이나 은나라의 주왕은 예스맨에게 둘러싸여 있었으므로 추한 꼴을 후세에 남겼는데 이런 예는 중국 역사에서 수없이 많이 볼 수 있다. 예를 들면 수(隋)나라 양제(煬帝) 등은 나쁜 견본 중의 한 사람이다. 그에게도 애초부터 쟁신이 없었던 것은 아니다. 그러나 충언에 귀를 기울이지 않고 쟁신을 멀리하여 주살한 결과, 그의 측근에는 '네, 맞습니다' 하고 '아예 뜻에 거역하지 않는' 우세기(虞世基) 혹은 '임금의 안색을 잘 살펴 아부하며 이에 순종한다' 는 왕세충(王世充)과 같은 예스맨만이 남아 결국은 그 자신도 자멸의 길을 걸어야만 했다. 이와 대조적인 것이 당나라 태종 이세민이었다. 그의 주변에는 위징(魏徵)을 비롯한 거리낌없이 바른말을 하는 쟁신이 있었으며, 게다가 태종은 기꺼이 그들의 간언에 귀를 기울였다고 한다. 그를 흔하지 않은 명군이라고 칭송하는 것도 그런 뜻에서 보면 당연하다.

최근의 예를 하나 들어 보면 모택동의 경우는 어떠했을까. 그는 혁명을 성공시켰다는 점에서 많은 공로가 있다고 하겠다. 그러나 후세의 사가(史家)는 팽덕회(彭德懷)의 경우를 예로 들지도 모른다.

중국식 간언(諫言)의 5 대 법칙

〈예기(禮記)〉라는 책에 '신하된 예(禮)는 삼간(三諫-세 번 간하다)하여 듣지 않으면 달아난다' 라고 나와 있다. 군주의 잘못을 알고 간하기를 주저하지 않은 것은 신하로서의 의무를 다하지 않은 불충의 행위이지만 세 번 간하면 그것으로 의무는 다하는 것이 중국의 '예의' 이었다. 그러면 세 번 간해도 듣지 않을 경우, 어째서 달아나는가. 충언을 듣지 않는 군주 따위 밑에 머물러 있다간 자기의 몸이 위태롭기 때문이다. 이것도 역시 중국적이라고 하겠다.

상대쪽인 군주에 따라 다르겠으나 간언에는 일신의 위험이 따라다닌다. 위험을 피하려면 그에 상당한 연구를 하지 않으면 안된다. 〈공자가어〉에 의하면 간언에는 5 종류가 있다고 한다.

- . 휼간(譎諫)-나쁜 영향이 없는 말로 둘러대어 간하다.
- . 의간(懿諫)-말을 꾸밈없이 막 하다.
- . 강간(强諫)-겸손한 태도로 간하다.
- . 직간(直諫)-정면으로 바로 간하다.
- . 풍간(諷諫)-은근히 비유하여 간하다.

공자는 이중에서 풍간이 가장 좋다고 했다(나 그 풍간에 따르련다). 말할 것도 없이 일신의 위험을 피할 수 있는 가능성이 가장 높기 때문이다. 군주라 해도 간언을 즐겨 듣는 사람만 있다고는 할 수 없다. 오히려 싫어하는 군주가 훨씬 많았다. 그러므로 간하는 쪽에는 그 만큼 신중성이 필요하다.

이상은 종적 군신 관계에 대한 주의이겠으나 횡적 친구 관계에 대해서도 사정은 거의 같을 것이다. 공자는 이렇게 말했다.

"상대가 과오를 범했을 때는 성의를 가지고 충고함이 좋다. 그래도 되지 않으면 잠시 동태를 살핀다. 너무 끈덕지게 하는 것은 자기를 싫어하게 될 뿐 효과가 없다."

영리한 토끼는
세 개의 굴을 가지고 있다

狡兔三窟〈격언〉

빛을 받기보다 은덕을 사라

재산 운영법에 삼분할법(三分割法)이라는 것이 있다고 한다.

나는 재산과는 전혀 인연이 없어서 자세한 것은 모르지만 이 교토삼굴(狡兔三窟)이라는 격언도 발상은 그것과 같으며 중국인이 배양해 온 지혜의 하나라고 해도 될 것이다. 여기에 대해서는 다음과 같은 재미있는 이야기가 있다.

전국 시대의 일이었는데 제나라의 재상에 맹상군이라는 사람이 있었다. 식객을 거느리는 것을 좋아해서 그 수가 3000 명이나 되었는데, 그 중에 풍훤(馮諼) 이라는 사나이가 있었다. 풍원은 재주도 없는데다 대식가라 아무런 쓸모가 없는 사나이 같았으나 장검을 두들기며 대우 개선을 요구하여 어느 사이엔가 최고급 대우를 받는 식객이 되어 있었다.

그런데 어느 날, 맹상군은 식객들에게 이런 회람을 돌렸다.

"우리 영지 설(薛)나라에 가서 빚을 받는 일을 맡아서 할 희망
자를 모집한다. 단, 회계에 능숙한 사람이어야 한다."

이것을 보고 풍훤이 곧 신청을 했다. 맹상군은 '글쎄, 될까' 하
고 생각했다.

"누구냐, 그 자는?"

"언젠가 장검을 두들기며 대우 개선을 요구한 사나이올시다."

"역시 보통내기는 아니었나 보다. 그러나 실은 아직도 직접 만
난 적이 없다."

맹상군은 풍훤을 만나 사과했다.

"그런데 빚준 돈을 다 받으면 무엇을 사 가지고 올까요?"

"이 집에 부족한 것을 원한다."

이런 수작이 있은 다음, 풍훤은 설나라 땅으로 갔다. 그런데 설
나라에 도착하자 관리에게 명령하여 차용 문서를 모두 모아 오
게 하여,

"영주님의 명령이다."

하고 그 자리에서 모두 불태워 버리고 돌아서서 도읍으로 돌아
왔다. 맹상군은 너무나 빨리 돌아온 데 놀랐다.

"그런데, 무엇을 사 왔는가?"

"이 집에 필요한 것은 은덕(恩德)뿐입니다. 은덕을 사 왔습니다."

"아니, 그렇다면……"

"당신께서는 설나라 땅의 영주로서 저 보잘것없는 백성을 착
취할 뿐 아무것도 베푼 것이 없습니다. 나는 영주님의 명령이라
고 속이고 빚을 받지 않고 차용 문서를 모두 태워 없앴습니다.
그러자 기대한 대로 만세 소리로 가득했습니다. 은덕을 샀다는

것은 바로 이것입니다."

맹상군은 못마땅한 얼굴로,

"이제 와서 어쩔 도리가 없다. 되었으니 이제 물러가라." 하여
이 일은 일단락되었다.

전면 외교에 의해 평안을 얻은 맹상군

그로부터 1년이 지났다. 제나라에서는 새 왕이 즉위하였는데
이 사람을 민왕(潛王)이라고 했다. 당시 맹상군의 명성과 덕망과
실력은 왕을 월등히 압도하고 있었다. 왕으로서는 맹상군의 존
재가 거북하기 짝이 없었다. 그래서 재상 해임의 작업을 결심했
다. 하는 수 없이 맹상군은 영지인 설로 돌아가기로 했다. 그런
데 놀란 것은 그런 맹상군의 일행을 설의 영지민이 백 리 앞까지
마중을 나와 있는 것이 아닌가. 그 중에는 노인과 어린아이들까
지 섞여 있었다. 이런 광경은 지금까지 고향을 찾아오면서 한 번
도 보지 못한 일이었다. 맹상군은 풍훤을 돌아보고 말했다.

"은덕을 샀다는 것은 바로 이거였구나."

풍훤은 이렇게 대답했다고 한다.

"영리한 토끼가 살아 남는 것은 굴이 세 개가 있기 때문입니다.
영주께 있어서는 지금 이것이 그 중의 하나입니다. 아직까지는
베개를 높이 베고 잠을 자지 못합니다. 나머지 두 개를 파 드리
겠습니다."

풍훤은 그 길로 위나라로 달려가 위왕을 설득했다.

"제나라는 재상인 맹상군을 해임했습니다. 그 분을 맞아들이

시면 천하의 패권을 잡는 것도 꿈이 아닙니다."

위왕은 재상의 자리를 비워 놓고 맹상군을 맞아들이겠다고 했다. 풍훤은 급히 돌아와서 맹상군에게 다짐을 받았다.

"이 소문은 제나라 왕에게도 들어갈 것입니다. 위나라의 부름을 받아들여서는 안 됩니다."

위의 사신은 세 차례나 왕복했으나 맹상군은 이를 받아들이지 않았다. 이 말을 듣고 겁을 먹은 사람은 제나라 왕이었다. 맹상군이 위로 돌아선다면 제나라의 내정을 훤히 알기 때문에 공격을 받는다면 꼼짝 못하게 되기 때문이다. 당장 측근에게 다음과 같은 친서를 보내어 사과를 했다.

"종사를 모시는 내가 아부하는 자의 말에 현혹되어 큰 잘못을 저질렀다. 나의 일신이야 어쨌든 종사의 앞길이 걱정되어 견딜 수가 없다. 부디 다시 제나라로 돌아와 정사를 돌보아 주기 바란다."

여기서 풍훤이 다시 다짐을 했다.

"선왕의 제기(祭器)를 받아 설에 종묘를 세우십시오."

선왕의 제기를 모신 종묘라는 것은 왕에게는 목숨보다 더 소중한 것이다. 종묘가 완성되었을 때, 풍훤은 비로소 이렇게 말했다고 한다.

"이것으로 굴이 세 개 생겼습니다. 당분간은 베개를 높이고 쉴 수 있겠습니다."

이 이야기가 실려 있는 〈전국책〉이라는 책에는 '맹상군에게 조금도 화가 없었던 것은 풍훤의 계략 덕택이라 하겠다' 라고 끝을 맺고 있다.

관리는 관리끼리 서로 감싸 주는 법이다

官相官, 吏相吏 〈속담〉

두둔이나 정실(情實)도 때로는 필요악

'관(官)은 관을 도우고 이(吏)는 이를 돕는다.' 정확히 말하면 관과 이에는 명확한 구별이 있어서 '관' 을 고급 관료, '이' 는 하급 관료를 말한다.

어느 세계에서도 동료의 칭찬이나 동료끼리의 두둔이 있어 그것이 일종의 안전 보장 같은 역할을 하고 있으나, 두둔에 권력이 개입되면 매우 골치 아프게 된다. 중국은 관료주의의 나라로서 예부터 관리끼리의 상호 두둔이 성했다. 작가인 임어당(林語堂)은 그의 저서인〈소동파(蘇東坡)〉중에서 이렇게 말하고 있다.

"'북서 부족에 의한 불의의 침략 사건이 있었는데 그때, 중국의 농민이 1 만 명 가량 살육되었다. 변방의 장수는 이 일이 조정에 알려지지 않도록 감추려고 하고 있었다. 그 소문이 서울까지 전해져 조사관이 파견되었을 때마저도 이 조사관은 '관은 관을 도운다'라는 옛 관행에 따라 불과 '십여 명'이 피살되었을 뿐이라고 보고했다. 조사관은 이와 같은 피해를 최소한으로 보고한 다음, 먼저 변방의 장수를 용서받게 하고 실정은 나중에 천천히 조사하도록 청했다. 이미 2년이 경과했으나 거기에 대해서는 아무런 조처가 없었다."

두둔이 한 걸음 나아가면 정실이나 연줄이 통하게 된다. 중국어에서 그것을 '인정(人情)'이라고 한다. 〈소동파〉에 이렇게 나와 있다.

"그러나 소동파의 시대에도 연고 채용이 성행하고 있었다. 친척지우의 천거에 의해서 서울에서 치루어지는 전시(殿試)도 받지 않고 관직을 받는 지방 출신의 사람도 많았다. 3, 4백 명의 재능 있는 사대부를 선발하는 시험이 있을 때마다 시험을 면제받는 자가 8, 9백 명이나 있었기 때문이다."

정의파 관료였던 소동파는 물론 이런 현상을 못마땅하게 생각하고 있었다. 그런 소동파마저도 이에 대해 엄한 제한을 가해야 한다고 말하고는 있으나 전폐해야 한다는 말은 하지 않았다. 어느 정도 필요악으로서 인정하는 기색이었다. 중국의 관료 사회에는 그만큼 '두둔'이나 '정실'이 힘을 쓰고 있었다고 하겠다.

지금도 당당히 통하고 있는 '뒷문'

소동파가 살았던 때는 지금으로부터 9백 년쯤 이전의 일이겠으나 요즈음의 중국은 어떠한가. 해방 후의 중국은 거듭되는 정풍 운동을 발동하여 관료 사회의 이러한 나쁜 작폐를 근절하려고 시도했다. '문화 혁명'의 목표 중의 하나도 거기에 있었다. 그러나 정풍 운동은 그다지 영속적인 효과를 올리지 못했던 듯하다. 최근의 중국에는 '주후문(走後門)'이라고 불리우는 뒷문 입학이나 뒷문 취직이 엄연히 통하고 있는 듯하다. 특히 북경 대학과 같은 유명한 대학일수록 그것이 심하다고 알려져 신문에도 자주 경고를 하고 있을 정도이다.

"어느 누구는 XX 대학에 몇 번이나 청탁하여 어느 졸업 예정자를 북경에 배치하도록 요구했다. 그 유일한 이유는 그 학생이 '우리 성의 모국장 자식의 약혼자'라는 것이었다. 이 학교의 동지는 흥분하여 말한다. '지금이야말로 뒷문은 더욱더 교묘해졌다. 간부의 자식이 솔선하여 배치에 따르지 않는다면 기타의 학생도 제각기 배려를 요구하게 될 것이다."

"금후 간부 중에서 법률, 제도에 의식적으로 위반하여 자식을 위해 특수화를 꾀하거나 당의 규칙이나 국법을 무시하고 자식을 위해 입당, 입대, 진학, 승진 등에서 뒷거래나 금전 거래를 행한 자는 구체적인 상황에 근거하여 엄중 처벌해야 한다."

일반적으로 말해서 동료끼리의 두둔에는 정상 참작의 여지도 있어서 일괄적으로는 비난할 수 없으나 '정실'이라든지 '뒷문'이 되면 거의 변호의 여지가 없다. 특히 '공'적인 일에 있어서는

있을 수 없는 일이다. 그런 것은 본래부터 있어서는 안 될 일이
리라.

그러나 그것이 중국에서는 오랜 전통을 가져서 어느 정도 사회
의 쿠션 역할을 하여 온 것도 사실이다. 중국에서 '인정'을 근절
하기란 불가능에 가깝다.

남자라면 자기가 한 일에
책임을 져라

好漢做, 好漢當〈속담〉

계포(季布)의 일락(一諾)—노예로 전락해도 신념을 관철하다

'호한(好漢)'이라는 말은 훌륭한 남자라는 뜻이다. 확실히 알아두기 위해〈사해(辭海)*〉를 들추어 보았더니 '용감하고 건실한 남자를 칭하여 호한이라고 말한다. – 또한 상의임협자(尙儀任俠者)를 칭한다'로 되어 있다.

옛부터 임협자는 신의가 두텁다고 되어 있다. 반대로 말하면 신의가 두텁지 않으면 임협자라고 하지 못한다. '계포의 일락'이라는 유명한 말이 있다.〈사기〉에 의하면, 초나라의 계포라는 사나이는 임협의 사나이로서 온 나라 안에 이름이 알려져 있었다. 여간해서는 '좋아'라고 승낙을 하지 않으나 한번 맡았다 하면 반드시 그 약속을 지켰으므로 초나라에는 '황금 백 근을 얻기

_____
사해(辭海) : 중국의 사전으로 서 신성(舒新城), 장 상(張相), 심 이(沈頤) 등이 편찬한 것으로 '사원(辭源)'에 대항하여 간행된 것이다. 수록 범위를 근세의 희곡이나 소설에까지 확대하였고, 전거(典據)의 서적에 대개 편명을 달고 설명문에는 표점(標點)을 달았다. 1937년에 간행되었다.

보다 계포의 한번 승낙을 얻는 편이 어렵다' 라는 속담이 있을 정도였다.

계포는 일단 승낙하면 어떠한 굴욕도 감수하고 실행에 옮겼다고 하는데 그것에 대해서는 이런 일화가 전해지고 있다.

계포가 살던 시대는 초나라의 항우와 한나라의 고조가 천하를 놓고 사투를 벌이고 있던 무렵이었으나 그는 같은 고향 출신이라는 점도 있어서 항우 편에 가담하여 때때로 고조의 군사를 격파했다. 그러나 초나라의 항우는 운이 다하여 고조에게 굴복했다. 고조는 항우를 멸망시키고는 계포의 목에 거금을 걸고 행방을 찾고 있었다. '계포를 숨겨 주면 일족을 몰살시키겠다' 라는 포고까지 냈으나 그를 파는 자는 한 사람도 없었다. 계포는 복양(僕陽)의 주씨(周氏) 밑에 머무르고 있었다. 그런데 어느 날, 주씨는 이렇게 말했다.

"곧 여기까지도 추적의 손이 뻗어 올 것이오. 나에게 한 가지 계략이 있습니다. 들어 보십시오. 만일 싫다고 하신다면 나머지 길은 자결하는 길밖에 없습니다."

계포는 동의했다. 이리하여 삭발하고 남루한 옷을 입게 된 계포는 또한 임협의 사나이라고 알려져 있던 노(魯)나라의 주가(朱家)에 노예로써 팔리게 되었다. 주가도 그 노예가 계포라는 것을 알고도 인수했다. 후에 계포는 용서를 받아 한나라의 고조를 섬겼으나 그 정도의 인물이 잘도 굴욕을 참았다고 하여 크게 소문이 났다고 한다. 계포는 일단 '낙(諾)' 하였기 때문에 기꺼이 노예로까지 전락했던 것이다.

책임있는 일을 하고 싶으면 경솔하게 맡지는 말아라

　계포와 같은 임협의 사나이가 '승낙'을 중히 여긴 것은 당연하다면 당연한 일이었다. 왜냐하면 그것이 없이는 임협도는 이루어지지 않기 때문이다. 오히려 '승낙'을 중히 여겨 책임을 져 주어야 할 사람은 정치하는 사람들이다. 그러나 정치가란 공자시대부터 돼먹지 않은 인간이 많았던 모양이다. 어느 때, 제자의 한 사람으로부터,

　"지금의 정치가에 대해 어떻게 생각하십니까?"

라는 질문을 받고 공자는 이렇게 대답했다.

　"이 사람이나 저 사람이나 한결같다. 이야기가 되지 않는다."

　공자의 탄식은 그대로 우리 현대인의 탄식이라고 하겠다.

　중국이라는 나라는 몇 번이나 이야기하였지만 관료주의의 나라이며 관료주의라는 것은 책임의 소재를 애매하게 해 버리는 데에 특색이 있다. 그런 사회였기 때문에 '승낙'을 중시한 계포와 같은 사람이 인기가 있었다고 볼 수 있다.

　중국인의 인간 관계의 유대로서 가장 중히 여기는 것은 '신(信)'이라는 말이다.

　'신'이란 요컨대 거짓말을 하지 않는 것 즉, 약속을 지킨다는 것이지만 우리 범인들이 좌절하는 것은 대부분의 경우, 경솔하게 일을 맡는 데 기인하고 있다고 해도 좋다. 확실한 견해도 없는데 무의식 중에 일을 맡아 나중에 후회가 막급한 일이 얼마나 많은가. 못하면 못한다고 때로는 분명히 거절하는 용기를 가졌으면 한다.

63

성공을 꿈꾼다면
실패도 고려하라

欲思其成, 必廬其敗 〈제갈량집〉

계획을 세울 때는 다면적인 시각을 가져라

영국의 철학자 버트란트 러셀은 그의 저서〈중국의 문제〉란 책에 '중국인은 그것이 진짜라고 입증되기까지는 남의 말을 믿지 않는다. 일본인은 거짓말이라고 입증될 때까지 계속 믿는다.' 라고 말하고 있으나 다면사고형(多面思考型=중국인)과 일면사고형(일본인)의 차이를 제대로 포착한 것으로 생각된다.

첫머리의 말은 제갈공명의 유문을 모아 놓은 〈제갈량*집〉에서 인용한 것이지만 원래는 정치에 임하는 자의 요강으로 이야기한 것이다. 그 안에서 공명은,

---

제갈량(諸葛亮): 중국 삼국시대의 촉한의 재상이다. 자는 공명(孔明)이다. 유비(劉備)를 도와 오나라와 합세하여 조조(曹操)의 위군을 쳐부수고 촉한을 세웠다. 후에 유선(劉禪)을 도와서 오(吳)와 수호하여 남쪽을 정벌하고, 사마의(司馬懿)가 이끄는 위의 군사와 대전중 병으로 죽었다. 뛰어난 지략과 충의의 사람으로 중국 역사상 만인으로부터 추앙받는 인물이다.(181~234)

"정치를 하는 자는 첫째, 가까운 곳에 신경을 쓰고 따라서 장래의 일에까지 대책을 생각해 두어야 한다. 당초 먼 곳까지 간파하여 대책을 생각해 두지 않으면 가까운 곳에서 발을 헛디디게 된다. 그러므로 군자는 먼 장래의 계획을 짜기 전에 먼저 당면 문제에 착수한다."라고 전제하고 다음과 같이 말한다.

"중대한 문제는 원래 해결하기가 어려우나 사소한 문제는 해결이 용이하다. 그러나 어떠한 문제든지 해결하려면 일면적인 태도로 임해서는 안 된다. 즉 이익을 얻으려고 하면 손해도 계산에 넣어 두어야 하고 성공을 생각한다면 실패했을 경우도 고려해 두어야 한다."

제갈공명의 이러한 사고방식은 중국인의 전형적인 사고방식이다. 눈앞의 일에만 마음을 빼앗겨 먼 장래의 계책을 생각지 않거나 반대로 장래의 일만을 몽상하고 바로 발 아래를 잊고 있다면 어느 것이나 일면적인 사고 방식으로 중국인은 이러한 일면성을 강하게 훈계하여 왔다. 예를 들면 모택동도 그러했다. 지난날 항일 전쟁 중에서 일부의 동지에게만 잘보인 일면적인 사고방식을 강하게 훈계하여 다음과 같이 말했다.

> "문제는 주관적, 일면적, 표면적으로 보는 사람에게 한해서 어디에 가나 주위의 상황에도 불구하고 일 전체를 보지 않고 일의 본질을 다루려고 하지 않으며 혼자 나름대로 명령을 내린다. 이런 사람은 쓰러지지 않을 리가 없다."(《실천론(實踐論*)》)

실천론(實踐論): 1937년에 모택동(毛澤東)이 지은 책으로, 중국 공산당 내의 교조주의(敎條主義)를 극복하기 위하여 연안에서 쓴 것이다. 변증법적(辨證法的) 유물론에 기초한 인식(認識)과 실천, 지식과 행동의 통일을 설하고 혁명의 이론적인 무기로 삼았다.

"문제를 연구하는 데는 주관성, 일면성 및 표면성을 띠는 것은 금물이다. 일면성이란 문제를 전면적으로 보지 않는다는 것을 말한다. 혹은 국부만을 보고 전체를 보지 않거나 나무만을 보고 숲을 보지 않는 것이라고 하겠다. 손자는 군사를 논하여 '그를 알고 나를 알면 백 번 싸워 백 번 이긴다' 라고 말하고 있다. 그가 하는 말은 전쟁을 하는 쌍방을 말한다. 당나라 때의 사람인 위징은 '종합해서 들으면 밝고, 치우쳐 믿으면 어둡다' 고 말하였는데 역시 일면성의 잘못이라는 것을 알고 있었다. 그런데 우리들 중에는 문제를 볼 때, 일면성을 띠는 자가 있으나 이런 사람은 가끔 어려운 일을 당하리라."

〈모순론(矛盾論)*〉

이런 것들도 전형적인 중국인의 사고 방식이라 해야 될 것이다. 이때의 모택동은 이론가로서나 실천가로서나 활동적인 시기였던 만큼 문제 지적도 정확했다.

자동화만이 근대화라고는 할 수 없다

최근의 등소평의 예를 들어 보자. 평화조약 조인으로 일본에

모순론(矛盾論): 중국 공산당 내의 교조주의 사상을 극복하기 위하여 1937년 연안에서 쓴 모택동의 저서이다. 사물의 모순의 법칙을 연구하여 이것을 대립물(對立物)의 통일의 법칙으로서 파악했다.

온 그는 공식 일정의 막간을 이용하여 근대화가 진행된 몇 군데 공장을 시찰했다. 그 때 그의 뇌리에는 아마도 30년 후, 50년 후의 '4가지 근대화'를 달성한 중국의 모습이 동시에 떠올랐음이 틀림없다. 그러나 현실 정치가로서 그는 끝까지 당장의 것을 잊지 않았다. 수행한 어떤 사람의 말에 의하면 교토의 어느 숙소에 있던 연탄 난로의 연탄에 이상한 관심을 나타내어 '이것 정말 좋은 것이로군' 하며 그 제조법 등을 미주알 고주알 캐물었다 한다.

선단적인 자동화나 해외 상표의 도입은 일조일석의 일은 아니지만 연탄이라면 아마추어라도 간단히 만들 수 있을 것이다. 등소평은 중국의 현실을 감안하여 자동화와 연탄의 양면에 주의를 돌리고 있었다고 하겠다.

또 그 무렵의 신문에 이런 기사가 실려 있었다.

"일본으로부터 4백만 마리의 지렁이가 내년 초부터 중국으로 수출된다. 광대한 중국 대륙의 토양을 이 지렁이로 개량하는 것이 그 목적이다."

중국은 화학 비료를 사용하지 않는 곳이 많아 무공해 지렁이의 비료 가치가 높게 평가되고 있다 한다. 이런 것들도 매우 중국적인 발상이라 할 수 있다. 우리라면 당장 비료니 농약이니 하겠지만 그것과 동시에 지렁이까지 주목하는 것은 다면사고형의 특색이다. 다면사고형은 안전 운행형이라고도 하겠다.

64

올라갈 만큼 올라가면 물러설 곳도 생각하라

功遂身退, 天之道〈노자〉

물러서는 것을 잘못하면 일생의 실패를 초래한다!

'공을 이루고 물러서는 것은 하늘의 도리이다.' 노장사상의 핵심을 집약한 듯한 말이지만 실행은 쉽지 않다. 고래로부터 인간의 출처진퇴 중에서도 가장 어렵다고 하는 것이 이 '물러나는 일'이다. '퇴(退)' 즉 인생의 최후의 마무리를 그르치게 되면 그때까지의 공적까지 감점되어 끝에는 형편없이 되어 버린다.

'퇴'에 실패한 예를 하나 들어 볼까 한다. 전국시대에 상앙(商鞅)이라는 정치가가 있었다. 진(秦)나라 효공(孝公)을 섬겨 '상군(商君)'의 변법(變法)이라고 불리우는 황료법(荒療法)으로 국정을 바로세우는 데 성공시켜 진나라의 흥륭의 기초를 만든 인물이지만 물러서는 일을 잘못하여 능지처참의 형을 받고 죽게 되었다. 만년의 상앙에게 있어서 불행했던 것은 강력한 뒷방패였던 효공이 먼저 죽은 것이다. 아무튼 엄한 정치 개혁의 집행자였던 만

큼 상앙에게는 정적이 많았다. 믿던 효공이 서거하자 그의 입장
은 크게 흔들리지 않을 수 없었다. 이 때, 상앙에게는 두 가지 길
이 남겨져 있었다. 일설에 의하면 효공은 죽음에 임하여 왕위를
상앙에게 물려 주려고 했다는 것이다. 그런데 무슨 까닭에서인
지 상앙은 사퇴했다. '효공이 병들어 회복하지 못하게 되자 상군
에게(왕위를) 전하려고 했으나 사양하여 받지 않았다〈〈전국책〉〉'.
또 하나의 길은 정치의 세계에서 발을 빼는 것이다.

인재를 등용하려면 '퇴'를 즐겨하는 자를 선택하라

〈사기〉에는 상앙이 위인신(位人臣)을 더하는 데 이르렀을 때,
조량(趙良)이라는 인물이 등장하여 '덕(德)을 의지하는 자는 번
영하고 힘에 의존하는 자는 망한다' 라는 말을 인용하여 은퇴를
권하는 이야기가 소개되고 있다. 그러나 상앙은 이와 같은 은퇴
권고에는 귀를 기울이지 않았다 한다. 상앙으로서는 자기가 이
룩한 개혁의 전도를 끝까지 보고 싶은 마음이 작용했는지도 모
른다. 그러나 이 정치적 판단은 너무나 어리석었다. 새로운 왕이
즉위하자 반대파의 책모로 모반의 혐의를 받아 능지처참의 형에
처해졌다. 상앙의 경우는 아무튼 극단적인 견본일 것이다. 그러
나 처형까지는 가지 않았다 해도 물러가는 시기를 그르친 것으
로 해서 평가가 떨어진 예는 수를 헤아리지 못하게 많다.
　진퇴의 여부는 결국 그 인물의 성격에 따라 정해지는 것이 아
닐까 한다. 부하를 발탁 등용하는 데 있어서 당초부터 '물러서기

를 즐겨하는 자를 발탁한다' 라는 말은 송(宋)나라 때의 공부상서
(工部尙書=건설부 장관) 장영(張詠)이라는 인물이 한 말이다.

"대체로 사람을 등용하는 데는 물러가는 것을 싫어하지 않는
자를 등용할 것. 물러가는 것을 싫어하지 않는 자는 청렴하고 강
직하여 부끄러움을 안다. 만일 이를 등용하면 충절이 더욱더 굳
어 패하는 일이 적다. 분경하는 자를 등용하지 말라. 만일 이를
등용하면 반드시 으스대고 이(利)를 좋아하여 거관(擧官=추천자)
에게 누가 미치는 일이 적지 않으리라."

이것도 하나의 견식이라 해도 좋을 것이다. 적어도 기업이거나
조직의 장을 선택하는 데는 이러한 마음가짐이 바람직하다.

제5장

역경을 헤치고
살아가는 지혜

세상이 받아들이느냐 하는 것은 시세 여하에 있다

遇不遇者時也 〈순자〉

자신의 불운을 탄식하기보다는 시기를 기다려라

공자는 후세의 유가(儒家)로부터 성인으로 추앙받고 있으나 그의 생애는 세속적인 의미로서는 불우했다고 하겠다. 실제의 공자는 지위를 구해 '상가집 개(들개)'처럼 여러 나라를 편력하고 다닌 사람이다. 더욱이 그의 경우는 지위를 구해서라지만 자기가 이상으로 하는 정치를 실현시키기 위한 것이었고 소위 세상이 말하는 '엽관운동(獵官運動)'과는 대체로 취지를 달리하는 것이었으나 그렇다 해도 그 고생이란 말이 아니었다. 이에 관련해서 극히 난처한 일을 당한 것은 공자가 65세 때, 진(陳)나라에서 채(蔡)나라로 가는 도중의 일이었다. 공자 일행은 소속을 모르는 군대에게 구속되어 휴대한 식량이 바닥이 나고 말았다. 굶주림과 피로로 기력을 잃은 제자들 중에는 노골적으로 공자에게 불만을 터뜨리는 자도 나타났다. 이 때, 공자가 중얼거리는 말이 이러했다 한다. '우(遇)와 불우(不遇)는 때로다.' 공자는 이렇게 중얼거리며 스스로의 불우를 위로하는 동시에 제자들의 불만을 달랬던 것이다. 확실히 아무리 재능을 가지고 있다 해도 때를 만나지 못하면 그 재능을 발휘하지 못한다. 공자의 탄식은 그대로 지금 우리들 현대인의 탄식이기도 하다. 가령 현대와 같은 관리 사회에는 난세형의 인간은 적합하지 않다. 때에 맞느냐 아니냐에 따라 인생의 궤도는 똑똑히 명암을 가르게 된다.

실력을 쌓아 두면 때를 만나게 된다

한나라 무제를 섬긴 두 사람의 대신인 공손홍(公孫弘)과 급암(汲黯)의 경우도 바로 그런 대조적인 경우의 전형이라고 하겠다. 무제는 천성적인 전제군주로서 단단하게 권력을 휘어잡고 나라 안팎으로 위세를 떨쳤다. 당시는 어떤 면에서는 현대 이상의 관리 사회였다고 하겠다. 그런 속에서 공손홍은 하잘 것 없는 돼지 사육인에서 발탁되어 순조롭게 출세하여 가장 높은 지위인 재상까지 올라갔다. 후세의 사가는 그를 평하여 '때를 잘 만나지 못하였다면 어찌 이 자리에 오를 수 있었을 것인가〈한서〉'라고 말하고 있다. 시세가 그에게 행운을 가지고 왔다는 말이다. 공손홍의 무기는 그럴 듯한 풍모와 숙달한 사무 처리 능력이었다. 거기다 유학의 교양을 가장 효과적으로 사용한 점에 있었다고 한다. 그리고 또 하나 항상 '임금의 뜻에 따른다〈사기〉'라고 평한 바와 같이 항상 무제의 얼굴을 세워 주려고 노력한 것에 있다. 이것이 전제 군주의 신뢰를 단단히 얻은 강력한 무기가 되었던 것이다. 공손홍은 바로 관리 사회형의 인간이었던 것이다. 이에 비해 급암은 명문의 집안에서 태어나 '황로(黃老)의 학(學)'을 좋아하고 게다가 바른말을 잘하는 선비였다고 하니 모든 면에서 공손홍과는 대조적이었다. 무제는 급암의 고집에 질려 '저 바보에는 손들었다' 하고 투덜대면서도 그를 알아 주지 않을 수 없었다. 공손홍이 배알할 때는 머리에 관도 쓰지 않고 만나기도 했으나 상대가 급암이 되면 똑바로 정장하고 만나는 것이 관례가 되었다. 그러나 전제군주인 무제가 신임한 것은 분명히 공손홍이며 급암은 아니었다. 공손홍이 평대신에서 부재상 그리고 재상으로 이례의 속도로 승진한 데 비해 급암은 언제까지나 평대신의 말석에 머물다 끝내는 지방의 태수(장관)로 밀려났다. 급암은 때에 맞지 않았다고 하겠다. 그러면 때에 맞지 않는다고 깨달았을 때에는 어떻게 하면 좋을 것인가. 〈순자(荀子)*〉는 '학식을 높게 쌓고 계략을 깊게 하며 몸을 수양하여 행동을 정돈하고 그 때를 기다린다' 라고 말하고 있다. 다만 막연히 때를 기다리는 것이 아니고 실력을 비축하면서 때를 기다리라는 말이다.

순자(荀子) : 중국 전국 시대의 유학자로 이름은 황(況)이다. 예의로써 사람의 성질을 고정할 것을 주장하고, 맹자의 성선설(性善說)에 대하여 성악설을 제창, 형명법술(刑名法術)을 대성한 한 비(韓非)는 그의 문하생이었다. 저서로서는 '순자' 20권이 있다.

66

현상태에 만족하기만 하면 성공은 바라지 못한다

懷輿安實敗名〈좌전*〉

현상 유지에 만족하면 진보는 없다

특별하게 머리가 좋은 사람은 예외지만 우리들 범인이 어떤 일을 한 가지 성공시키려고 하면 다른 일은 희생시킬 각오를 해야 한다. 이것도 저것도 욕심을 낸다면 그야말로 죽도 밥도 되지 않는다. 또 어느 인생이나 신념이라는 것이 있다. 어디 해 보자 하는 노력이 그 후의 인생을 좌우한다고 해도 과언이 아니다. 예를 들면 시험도 한 가지이다. 영광을 쟁취하려면 준비를 위해 적어도 일정한 기간은 집중적인 시간의 할애가 요구된다. 파티나 데이트를 청해 와도 꾹 참을 정도의 용기를 가져야만 한다. 하물며 저녁마다 빈들빈들 텔레비전이나 보고 있다간 성공은 어림도 없다.

좌전(左傳) : 춘추좌씨전(春秋左氏傳) 중국 노나라의 좌 구명(左丘明)이 지은 '춘추' 의 주석서이다. 좌씨 이외의 사람이 지었다는 설도 있다. 춘추삼전(春秋三傳)의 하나이다. 30 권으로 되어 있다.

'회(懷)와 안(安)은 실로 이름을 망친다' 라는 말도 이것을 칭한 말이다. '회' 란 '즐거움' 을 누리고 싶다는 뜻이며 '안' 이란 현상에 만족한다는 뜻이고 '이름을 망친다' 란 성공을 바라지 못한다는 뜻이다. 이에 대해서는 다음과 같은 이야기가 있다.

춘추 시대 패자로서 천하를 호령한 실력자로 진(晉)나라의 문공(文公)이라는 인물이 있었다. 42 세 때 국외로 망명하여 19 년 만에 귀국하여 왕위에 올라 패자(覇者)가 되었다는 경력의 소유자인 만큼 그의 강한 끈기를 알 수 있다.

그런데 이 문공이 망명 생활 12 년째를 맞이하여 제나라에 비호를 청하려고 갔을 때의 일이었다. 제나라의 왕은 상당히 인품이 출중한 사람인 듯했다. 그런 처지에 있는 문공에게 극진한 대우를 하고 강(姜)이라는 일족의 딸에게 장가까지 들게 해 주었다. 문공으로서는 전혀 생각하지도 않았던 환대였다. 강 부인의 사랑에 빠져 있는 동안에 어느 사이엔가 5 년의 세월이 흘렀다. 망명에 동행한 측근들은 초조했다. 어느 날, 뽕나무 아래에서 귀국할 의논을 하다가 가끔 뽕을 따려고 오는 부인의 시녀에게 도청을 당하고 말았다. 시녀는 큰일이 났다고 생각하고 당장에 강 부인에게 알렸다. 그러자 부인은 그 시녀를 죽인 후에 문공에게 이렇게 말했다.

"당신에게 천하를 호령하겠다는 뜻이 있으시다는 것을 몰래 들은 시녀가 있었기에 당장에 처치를 해 버렸습니다."

그러나 문공은,

"일생을 평온 무사하게 지낼 수만 있다면 그 외에 바라는 것은 없소. 나는 이곳에 뼈를 묻을 작정이오. 다른 곳으로 갈 생각은 조금도 없소."

하고 귀국 따위는 마치 염두에도 없는 것처럼 말했다. 이 때 강 부인이 한 말이 바로 '회와 안은 이름을 망친다' 이다. 지금의 생활에 만족하고 빈들빈들 놀면서 세월을 보내면 성공은 바라지 못한다는 것이다.

얼마 후, 제나라를 떠난 문공은 다시 여러 나라를 떠돌아다니며 2년의 망명 생활을 한 다음, 귀국하여 왕위에 올라 드디어 패권을 잡아 천하를 호령하게 되었다. 이 때 부인의 질타가 없었더라면 아마도 문공의 패업은 이루어지지 못했을 것이다.

강 부인의 덕택으로 그의 이름은 역사에 새겨지게 되었으나 제나라에 남은 부인의 그 후에 대해서는 사서에 기록된 것은 아무것도 없다.

여차하는 시기에 대비하여 육체 단련에 힘쓰라

그런데 망명 19년의 문공 정도는 아니라 해도 불우한 시대라는 것은 누구에게나 있다. 문제는 그것을 어떻게 극복하느냐에 있다.

동진(東晉) 시대의 명장에 도간(陶侃)이라는 인물이 있었다. 반란을 진정시키는 데 공을 세워 크게 이름을 떨쳤으나 그것이 도리어 화가 되어 실력자인 왕돈(王敦)이라는 자의 미움을 사서 광주(廣州)의 태수로 좌천되었다. 광주는 남쪽 끝에 있는 곳이다. 당시의 감각으로는 섬에 귀양가는 것과 같은 취급이었다. 그런데 좌천의 광주 시절 도간은 어떻게 지내고 있었는가 하면 아침마다 백 장의 큰 벽돌을 집 밖으로 내다놓고 저녁때 다시 집안으로 들여오는 작업을 일과로 삼았다. 누구나 무엇 때문에 그럴까 하는 생각을 했음이 틀림없다. 어떤 사람이 이유를 물었더니 도간은 이렇게 대답했다고 한다.

"언젠가는 다시 서울로 불려가 제1선에 나서야 할 것이다. 그 날을 대비하여 힘드는 일에도 견디는 훈련을 하는 것이다."

자기에게 스스로 그런 일과를 부과하는 정도이고 보니 부하에게도 매우 엄하였다. 부하가 술이나 도박으로 맡은 일을 소홀히 하는 것을 보면 술그릇이나 도박 기구를 빼앗아 강에다 던지고 "도박 따위는 돼지 기르는 놈들이나 하는 짓이다." 하고 책망했다 한다.

아무리 부하라 할지라도 오락 기구를 강에다 내던지다니 좀 지나치다고 하겠으나 앞으로 닥쳐올 날을 대비하여 벽돌 운반으로 몸을 단련한다는 것은 과연 훌륭하다 하지 않을 수 없다. 불우한 시대에 대처하는 마음가짐으로 크게 본받아야 할 일이다.

그 후 도간은 다시 서울로 불려가 요직을 역임하고 '동진의 주석(東晋之柱石)' 이라고 불리워졌다 한다.

67

벽에 부딪치면 무리를 하지 말고 정세의 변화를 기다려라

窮則變, 變則通 〈역경〉

막다른 곳에 부닥치면 우회 작전으로 돌파하라

점술이 유행하고 있다 한다. 이 또한 불확실한 시대의 상징인지도 모르겠다. 중국에서 점술의 원점이라 하면 첫째로 〈역경〉을 들게 된다.

'만물은 음과 양의 두 가지 기(氣)가 서로 엉켜 이루어져 항상 변화하고, 그 변화 중에는 불변의 원리가 작용하고 있다' 라는 것이 역(易)의 기본적인 인식이다. 소박하다면 소박한 인식이겠으나 그것은 강한 설득력을 가지고 있다. '궁(窮)하면 변하고 변하면 통한다' 라는 것은 그러한 역의 인식에서 도출된 시사에 찬 말의 하나이다.

가령 벽(장애)에 부닥쳤을 때 당신이라면 어떻게 행동할 것인가. 진군 나팔을 높이 불어대면서 한결같이 중앙 돌파를 시도할 것인가. 용감하기는 하나 너무나 무모하다. 아니면 단념하고 철수할 것인가. 이 또한 '생산적'이 아니다.

이러한 경우, 중국인은 제 3 의 길로서 '우(迂)'를 생각한다.

'우'란 즉 멀리 돌아가는 것이다. 〈손자〉 군쟁론에 유명한 '우직(迂直)의 계'란 말이 있는데 그 중에서 손자는 '우'에 대해 이렇게 말하고 있다.

"전쟁의 어려움은 '우로써 직을 만들고', 환(患)으로써 이(利)를 만든다'라는 대목이 있다. 가령 적보다 늦게 출발하면서 일부러 길을 돌아 적을 안심시키고 방해가 없는 틈을 타서 도리어 먼저 도착한다. 이것이 '우직의 계'이다. 전쟁에서 승리와 패배는 종이 한 장 차이이며 승리의 열쇠는 '우직의 계'를 아는가 모르는가에 달려 있다. 전군을 일거에 전선에 투입해서는 도리어 승리를 장담하기는 어렵다. 또 승리를 서둘러 세를 믿고 전군을 맹렬히 진격시켰다가는 후속하는 보급 부대가 두절되어 버린다. 요컨대 적보다 앞서 '우직의 계'를 사용하면 반드시 이긴다. 이것이 전쟁의 원칙이다."

말할 것도 없겠으나 이 '우'에는 장소의 '우'와 시간의 '우'의 두 가지 측면이 있다. 장소의 '우'에 대해서는 설명할 것도 없으나 시간의 '우'란 요컨대 때를 기다리는 것이다. 시간을 들여 정세의 변화를 기다린다. 이것이 시간의 '우'이다.

정세를 선취하여 변화를 기다린다

'기다린다'는 점에 있어서 중국인처럼 철저한 사람들은 없다고 생각된다. 그 전형이 춘추 시대의 패자로서 천하를 호령한 진 나라의 문후(文侯)이다. 이 인물은 실로 망명 19 년이라는 긴 인고 끝에 왕위에 올랐으나 그 동안 그는 국외 망명 생활을 참으면서 가만히 정세의 변화를 기다렸다.

　때를 기다리는 자세는 성급한 사람 쪽에서 보면 우유부단이라고 생각될 것이다. 그러나 형세가 불리할 때는 이보다 더 좋은 전략은 없다고 하겠다. 적어도 강행 돌파 작전보다 좋다는 것은 확실하다.

　누구에게나 불우한 시대는 있는 법이다. 그럴 때야말로 때를 기다리는 자세가 바람직할지도 모른다. 다만 여기서 똑똑히 알아 두어야 할 것은 정세의 변화를 기다린다 해서 아무것도 하지 않고 막연히 기다리고 있는 것이 아닌가 하는 것이다. 물론 그것만으로도 상당한 것이긴 하겠지만 기다리는 것을 더 한층 효과적으로 하려면 머리를 부지런히 회전시켜 언제든 정세 변화에 즉응할 수 있도록 태세를 갖추어 놓고 있어야 한다.

　그러면 구체적으로 어떻게 하면 될 것인가. 첫째, 안테나를 넓게 펴 놓고 정보 수집에 노력하는 일이다. 그러므로 정세의 움직임을 포착하게 된다. 다음으로는 능력의 재개발에 유의해야 한다. 생각하기에 따라서는 이 시기야말로 재학습에 의해 자기를 발전시키는 절호의 기회가 되기도 한다.

인생은 잠깐 동안의 꿈과 같은 것이다

黃粱一夢 〈성어〉

어떤 영화도 극에 달하면 허무하다

현대 중국어에서는 '황량일몽(黃粱一夢)'의 성어로 통용되고 있다. 그러나 '한단(邯鄲)의 꿈'이라고도 알려져 있다.

한단이란 거리의 이름으로 옛날 조나라의 도읍이었다. 북경 남쪽에 있으며 현재는 인구 수십만의 공업 도시가 되어 있다. 한(邯)이란 자나 단(鄲)이란 자나 이 지명 외에는 쓰이는 일이 결코 없다. 그러므로 '한단 하면 어쩐지 엑조틱한 느낌이 오는 것을 보면 묘하다.

그럼 한단의 꿈 즉 '황량일몽'이란 어떤 꿈인가.

당나라 현종(玄宗) 시대이므로 지금부터 1200년 전의 일이다.

한단의 거리 한 주막에 여옹(呂翁)이라는 도사가 묵게 되었다. 우연히 그곳에서 초라한 행색을 한 젊은이를 만나게 되었는데 일신의 불운을 열심히 하소연했다. 젊은이의 이름은 여생(盧生)

제5장 역경을 헤치고 살아가는 지혜 ✦ 253

이라 했다.

얼마 후, 여생은 피곤에 지쳤는지 끄덕끄덕 졸기 시작했다. 그러자 여옹은,

"이것을 빌려 주겠네."

하며 양쪽에 구멍이 뚫린 도기제의 베개를 꺼내어 베어 주었다.

기분 좋은 잠에 떨어진 여생은 꿈 속에서 그 구멍 속에 들어가 보았다. 그러자 거기에는 커다란 집이 있었다. 그 집에서 여생은 어떤 명가의 딸과 혼인하여 과거에도 급제하고 계속 운 좋게 출세하여 부재상에까지 영전한다. 그러나 긴 인생에는 언제 어디에 어떤 함정이 있는지 모른다. 여생은 그 때 재상의 미움을 사서 지방 장관으로 좌천된다.

그러나 3년 후, 천자의 부름을 다시 받아 서울로 올라와 도리어 재상으로 올라 영화가 극에 다다른다.

이렇게 뜻대로 절정에 올랐던 여생이었으나 모반의 혐의로 체포되어 일전 나락의 바닥으로 떨어진다. 포박을 당하면서 여생은 처자를 향해 이렇게 탄식했다고 한다.

"옛날 누더기를 걸치고 한단 거리를 걷던 생각이 나는구나. 그 때는 얼마 되지 않으나 좋은 밭도 있었고 그럭저럭 먹고 살 정도는 되었는데 무엇이 좋아서 벼슬을 했던가."

여생은 죄가 감형되어 변방으로 귀양을 갔다. 그러나 수 년 후에 무고한 사실이 증명되어 다시 서울에 돌아와 재상으로 올랐다.

다섯이나 되는 아들들도 모두 고관이 되어 행복한 말년을 보내나 고령인 이유로 사임하고 드디어 병을 얻어 죽는다.

실의를 달래는-황량일몽의 고사

여생은 거기에서 잠이 깼다. 문득 주위를 돌아보니 여옹이 앉아 있었다. 화덕 위에 얹어 놓은 황량(黃粱)도 아직 덜 삶아진 상태였다. 모든 것이 원래 그대로이다.

"아아, 꿈이었구나!"

"인생은 모두 그런 것이다."

여옹의 말에 여생은 실망 낙담할 뿐이었다.

이상은 당나라 때 쓰여진 〈침중기(枕中記)〉라는 소설의 대강 줄거리이다. 말할 것도 없이 인생에 있어서 영고성쇠의 덧없음을 표현한 것이다. 인생을 꿈이나 환상으로 보면서도 한편으로는 현세의 공명 부귀를 끝까지 구한다. 인간이란 구제 불능의 동물이라고도 하겠으나 그런 양면성이 있음으로 재미있다고 하겠다. 중국인은 예부터 이 양면성을 자기의 것으로 함으로써 인생의 밸런스를 유지해 올 수 있었다.

'황량일몽' 이라는 말은 실의에 빠졌을 때 위로하는 이야기로 큰 역할을 해 왔다.

69

하늘이 있는 한 굶어 죽을 리는 없다

老天餓不死人 〈속담〉

천도(天道)는 과연 시(是)냐 비(非)냐

옛날의 중국인에게 있어서 하늘은 만물의 주재자이며 '신'을 가지지 않은 그들에게는 마음의 의지처이며 신앙의 대상이기도 했다. 인간 행동의 규범을 하늘에 구한 점에서는 유가의 사람들이나 도가의 사람들도 마찬가지였다.

가령 공자는 직접 하늘에 대해 말한 것이 적었으나 그래도 '하늘을 원망하지 않고 남을 탓하지 않는다. 하학(下學)하고 상달(上達)한다. 나를 아는 자는 하늘인가.' 하고 하늘에 대한 신뢰감을 토로하고 있으며 또 사랑하던 제자인 안회(顏回)가 죽었을 때는 '아, 하늘은 나를 상심케 하셨다. 하늘은 나를 상심케 하셨다.' 하고 비통한 탄식을 했다.

또 같은 유가의 맹자도 '하늘에 순종하는 자는 존(存)하고 하늘에 거역하는 자는 망(亡)한다.' 는 말을 남기고 있다.

한편 도가의 시조라 하는 노자도 '하늘의 길은 유여(有余)를 손(損)케 하여 부족을 보충한다.' '천도는 친(親)이 없이 항상 선인(善人)에게 준다.' 등 깊은 신뢰감을 하늘에 의존하고 있다.

물론 현실 문제로서 반드시 정의가 이기는 것만은 아니다. 악이 번영하고 선이 망하는 경우도 있을 수 있는 것이 인간 사회이다.

그런 경우에 부딪쳤을 때 사람들은 하늘도 또한 악을 편드는가 하고 천도(하늘의 뜻)의 존재에 중대한 의문을 느낄 것이 틀림없다.

그 전형이 〈사기〉의 작자인 사마천이었다. 그는 주나라의 곡식을 먹는 것을 더럽게 생각하여 수양산(首陽山)에서 아사한 백이(伯夷), 숙제(叔齊)의 전기를 쓴 다음 스스로의 체험도 투영시키면서 이렇게 말했다.

"어떤 자는 '천도는 친이 없다. 항상 선인에게 준다' 라고 말했다.

그렇다고 하면 백이와 숙제는 선인인가 악인인가. 그토록 인에 힘쓰고 행동을 삼가다가 도리어 굶어 죽은 사실을 어떻게 해석하면 좋은가 …… 요즈음도 마찬가지이다. 질서를 어지럽히고 나쁜 일만 거듭하고 일생을 향락만 즐기면서 대대로 부귀를 누리는 자가 있다. 그런가 하면 한편으로는 자신을 엄하게 다스리고 정의에 관계되는 경우가 아니면 노여움을 나타내지 않는 그런 생활 방식을 하면서 재액을 만나는 자도 수없이 많다. 그것을 생각하면 나는 깊은 절망감에 빠진다. 천도란 과연 존재하는 것인가. '천도(天道)는 시(是)냐 비(非)냐.'

자해에 있어서 하늘을 원망하지 않았던 항우

역경을 당해 이렇게 감개했던 사람은 사마천 하나만이 아니었으리라. 그러나 결국 중국인은 천도(天道), 그것의 존재를 부정하는 일은 없었다. 일이 순조롭게 진행되었을 때는 '이것도 하늘의 덕택'이라고 하늘에 감사하고 역경에 처하게 되었을 때는 '어쨌든 하늘이 도와 주실 것이 틀림없다'고 믿었으며 일이 아주 틀렸을 때는 '이것도 하늘의 뜻일 것이다.'라고 자기의 실패를 이해시켰다.

예를 들면, 일대의 영웅 항우이다. 싸움에 패해 자결하기 전, "이것 또한 하늘이 나를 망하게 한 것이지 싸움의 잘못에 있지 않다."

그도 또한 자기의 실패를 하늘의 뜻으로 알고 자기가 자기를 이해시켰던 것이다. 거기에는 나름대로 스스로 만족한 정신 세계가 있었던 것이다.

그러면 현대의 중국인은 어디에서 정신적인 위안처를 구하고 있는가. 솔직히 말해서 잘 모르겠다. 한 때, 모 택동 사상이 그럴 듯하게 생각되었던 시기가 있었다. 그러나 이것은 전해진 것만큼 확고하지는 못했으며 특히 최근에는 완전히 퇴색해진 느낌이 든다. 들은 바에 의하면 요즈음 민중 사이에는 점술이 유행할 조짐이 보인다고 한다.

자신의 운명을 하늘에 맡기려고 하는 사고 방식이 지금도 뿌리 깊게 살아 남아 있는 것인지도 모른다.

인생의 행·불행은 순환한다

塞翁之馬〈성어〉

인간 만사 새옹지마

인생은 덧없고 만물은 변하기 마련이다. 만족할 때도 있고 실의에 빠질 때도 있다. 따라서 '아아, 나는 행복하다.'고 생각해도 그 행복이 언제까지나 계속되리라는 보장은 어디에도 없다. 반대로 '나는 운이 따르지 않는다.'라고 생각해도 곧 다시 운이 돌아올지도 모른다. 그와 같이 행·불행의 무한한 현상을 말한 것이 '인간만사 새옹지마(人間萬事塞翁之馬)'라는 말이다.

지금의 중국에서는 '새옹지마(塞翁之馬)'라는 성어로 통용된다.

'새옹'이란 것은 요새 근처에 사는 노인이라는 뜻인데〈회남자(淮南子)〉라는 책에 이런 이야기가 소개되고 있다.

옛날, 북방 요새 근처에 한 노인이 살고 있었다. 어느 날, 노인이 기르던 말이 국경을 넘어 오랑캐 땅으로 도망쳤다. 북방에서는 말이란 생활 필수품이라고 해도 좋다. 이웃 사람들이 측은하

게 여겨 위로하려고 찾아오자 그 노인은,

"아니야, 언제 어떻게 다시 다행한 일이 될지 모른다."

하며 전혀 개의치 않는 듯했다.

과연 수 개월 후, 노인의 말은 오랑캐의 준마를 데리고 돌아왔다. 노인은 힘들이지 않고 준마를 손에 넣게 되었던 것이다. 이웃 사람들이 곧 축하하러 달려왔다. 그러자 노인은,

"아니야, 언제 어떻게 불행한 일로 바뀔지 모른다."

하면서 조금도 기뻐하는 기색이 없었다.

몇 년 사이에 준마가 준마를 낳아 노인의 집은 준마로 가득했다. 그러나 어느 날, 말타기를 좋아하는 아들이 말에서 떨어져 다리가 부러졌다. 이웃 사람들이 곧 위로하러 왔다.

"아니야, 이것도 또 다행한 일로 바뀔지 누가 아는가."

노인은 전혀 슬퍼하지 않았다.

그로부터 1년 후, 오랑캐가 국경을 넘어 요새를 공격했다. 마을의 젊은이는 모두 무기를 들고 나가 싸워 열 중 아홉 사람은 전사했다. 그러나 노인의 아들은 불구자였기 때문에 전쟁터에 끌려가지 않아 부자가 모두 무사했다.

이 일화에서 '인간 만사 새옹지마' 라는 말이 나왔으나 좀더 오래 된 용례로는 원나라 때의 희회기(熙晦機)라는 승려의 시(詩)중에 나온다고 한다.

극에 이르면 쇠퇴하고 차면 이지러진다

'새옹지마' 라는 성어의 바닥을 흐르고 있는 것은 '이 세상에는 일정 불변의 것은 있을 수 없다, 만물은 끊임없이 교체, 순환의 과정에 있다.' 라는 '순환 사상' 이다. 예부터 중국인의 사고 방식 중에는 그러한 인식이 강하게 흐르고 있었다. 그 전형적인 것이 '음양설(陰陽說)' 과 '5행설(五行說)' 이다.

말할 것도 없이 '음양설' 이라는 것은 음과 양이 2 기(二氣)의 존재를 인정하고, 그 교체·순환 대신 5 행 -토(土)·목(木)·금 (金)·화(火)·수(水)로서 역시 그것들의 순환에 의해 모든 현상 이 일어난다는 설이다. 간단하게 말하면 그렇다고 할 것이다.

예를 들면 지난해 발굴, 해독된〈손빈병법(孫嬪兵法)〉에도 다음과 같은 기록이 있다.

"천지의 법칙이란 무엇인가.

극에 이르면 쇠퇴하고 차면 이지러진다. 이것은 일월의 운행에 의해 표시된다.

흥(興)과 폐(廢)가 있다. 이것은 4 계에 의해 표시된다.

승(勝)과 불승(不勝)이 있다. 이것은 5 행에 의해 표시된다."

'음양설' 이나 '5 행설' 을 미신 사상으로 부정하기란 간단하다. 그러나 '극에 이르면 쇠퇴하고 차면 이지러진다.' 고 하는 '순환 사상' 이 중국인의 의식 속에 힘차게 살아남아 그들의 인생을 지탱하여 온 것도 사실이다.

중국인은 예부터 전란이나 자연 재해에 시달려 오고 오직 관리의 수탈에 고통받아 왔다. 민중의 생활은 고생의 연속이었다고 해도 과언이 아니다. 그들은 그런 가운데서도 '언젠가는 좋은 일도 있을 거야.' 라고 생각하며 꿋꿋이 살아 왔다. '순환 사상' 은 이러한 굳센 처세의 지혜가 되어 이어온 것이리라.

앞에서도 말한 바와 같이 인생은 부침의 연속이다. 실패는 반드시 따라다니는 것이라고 해도 좋은 것이다. 그럴 때 '새옹지마' 의 고사를 상기하여 곤경을 이겨낼 수 있는 용수철로 삼았으면 한다.

71

인생에서 약 10 년은
좋은 운이 따른다

人有十年旺, 鬼神不取謗 〈속담〉

운이 닿으면 만사가 잘 된다

중국인은 어떤 인생에게나 언젠가는 운이 닿아서 10 년 쯤은 재수가 따라다닐 때가 있다고 하나의 숨통을 터놓고 있다. 그럴 때는 신이라 해도 두려워 물러간다. 〈귀신불취방(鬼神不取謗)〉 그와 같이 스스로가 타이르면서 현재의 역경을 이겨 나가는 용수철로 삼아왔다

운이 닿았을 때는 무슨 일을 하거나 잘 되어 간다. 자연의 흐름에 몸을 맡기기만 하면 그것으로 된다. 중국의 속담에도 '천 개의 젓대, 만 개의 삿대도 바람을 받은 찢어진 돛에 미치치 못한다.' 라고 되어 있다. 문제는 운이 떠났을 때이다. 가령 현대식을 택하여 인생을 70 년이라고 하면 70에서 10을 뺀 나머지 60을 어떻게 살 것인가 하는 것이다.

일본 속담에 '서툰 생각은 쉬는 것만 못하다.' 는 것이 있으니

이것을 달리 말하면 '서툰 동작은 쉬는 것과 같다.' 이다. 대체로 생각을 하지 말라는 것은 어려운 일이다.

운이 닿지 않을 때는 섣불리 움직이지 말라

〈전국책〉에 이런 이야기가 있다.

옛날, 위나라 국왕이 이웃 조나라의 수도 한단을 공격하려고 했던 때의 일이다. 계량(季梁)이라는 신하가 그 동향을 알고 여행 도중에 되돌아와 왕에게 면회를 청했다.

"지금 귀국 도중에 길에서 한 사나이를 만났습니다. 수레를 북으로 몰아 '초나라로 가려고 한다.'고 했습니다. 그래서 '초나라로 가는데 어째서 북으로 향해 가는가?' 하고 물었더니 그 사나이는 '말은 아주 좋은 놈이다.'라고 했습니다. '좋은 말인지는 모르겠으나 당신은 길을 잘못 들고 있소.' 하였더니 '여비도 넉넉하오.' 하는 것이 아니겠습니까. '그런지는 모르겠으나 어쨌든 길을 잘못 가고 있소.' 거듭 알려 주자 사나이는 '좋은 마부가 딸려 있소.'라고 대답했습니다. 지금 왕께서는 제후의 패자가 되기 위해 천하의 신망을 얻으려고 노력하고 계십니다. 나라가 크다는 것, 군사가 강하다는 것을 믿고 한단을 공격해서 영토를 확장하여 세력을 넓히려고 하십니다. 그러니 이번에 섣불리 움직이시면 그 만큼 패업에서 멀어져 갈 것입니다. 그것은 마치 남쪽의 초나라에 가려고 하면서 반대로 북쪽으로 수레를 모는 것과 다를 바가 없습니다."

분명히 계량의 말과 같이 섣불리 움직이면 상처를 더욱 크게 만들 우려가 없지도 않다. 특히 운이 떠나 버렸을 때는 더 그러하다.

때로는 가만히 참으면서 운이 돌아올 때까지 기다리는 것도 현명한 생존 방법일 것이다.

72

훌륭하게 죽는 것보다
고생하면서 사는 편이 좋다

好死不如惡活〈속담〉

자살은 결코 참된 용기가 아니다

'호사(好死)는 악활(惡活)만 못하다.' – 이 속담에는 중국인의
사생관이 잘 나타나 있다. 중국인은 악착같이 '생'에 집착한다.

옛날, 계포(季布)라는 임협의 사나이가 있었다. '계락(계포의
일락)'이라는 말은 앞에서 말하였으나, 그가 한나라 고조에게 의
탁하려고 찾아갔을 때, 노예로까지 전락하여 살아 남으려고 하
였는데 그런 그의 생활상을 사가인 사마천은 이렇게 평했다.

"초나라에서 계포는 용감한 사람으로 알려져 있었다. 왕왕 몸
을 아끼지 않고 적군에 돌입하여 빼앗은 군기는 헤아리지 못할
정도이다. 그야말로 장사라 하겠다. 그러나 이러한 장사가 일단
쫓기는 몸이 되자 노예로까지 전락하여 살아 남을 것을 꾀하였
다. 그 얼마나 과감한 행동을 하였는가. 그것도 모든 치욕을 참
고 견디어 자기의 재능을 발휘하려고 생각했기 때문이다.

참된 용사는 경솔한 죽음은 하지 않는다. 아무튼 하인이나 천첩 따위가 감정이 내키는 대로 자살하는 것은 결코 용기가 있었기 때문은 아니다. 살기 위한 계획이 무너져 이미 다시 일어서지 못한다고 깨달았기 때문이다."

이렇게 말한 사마천, 그 사람도 궁형이라는 치욕을 참으며 생존하여 불후의 명작이라고 일컬어지는 〈사기〉를 완성한 인물이다.

보기에 흉한 삶이라도 급사보다 가치가 있다

같은 일에 대해 공자도 관중평(管仲評)중에서 말하고 있다.

어느 날, 제자인 자공이 공자에게 물었다.

"내가 생각하기에 관중(管仲)은 인자(仁者)가 아닙니다. 그는 환공이 형인 규(糾)를 죽였을 때, 규를 섬기는 몸이면서도 순절하려고 하지 않았습니다. 그뿐 아니라 나중에는 환공을 섬기는 불의를 범하지 않았습니까?"

공자는 이렇게 대답했다 한다.

"하지만 그는 환공을 옹립하여 제후의 맹주로 만들어 천하의 질서를 회복했다. 그 은혜는 오늘에까지 이르고 있다. 만일 관중이 없었더라면 우리는 오랑캐의 풍속을 강요당하고 있을지도 모른다. 범속한 족속들이 작은 의리를 내세워 자살을 감행하여 끝내는 시궁창에 내던져져서 세상에서 잊혀지는 것과 함께 논할 수는 없는 일이다."

계포, 사마천, 관중 3 인은 그 누구나 치욕을 참고 생존하였으며 그 후의 생존도 결코 '악활(惡活)' 이라고 하지 못한다. 그뿐 아니라 남이 하지 못하는 훌륭한 업적마저 남기고 있다. 그러므로 이상과 같은 평가가 나오는 것은 당연하다고 하겠으나 가령 그것이 '악활' 이라 해도 역시 중국인은 '호사(好死)' 보다 좋다고 평가할 것이다. 지금 유행하는 말을 다른 말로 하자면 '늑대도 살아라, 돼지도 살아라.' 이다.

73

가난할지라도 인생을 즐기는 마음의 여유를 가져라

貧而樂〈논어〉

가난하면 육친마저 냉정해진다

가난이란 실제로 체험한 자가 아니면 알지 못하는 괴로움이 있다. 대부분의 사람에게 있어서 불우감(不遇感)의 양쪽 수레바퀴를 이루고 있는 것이 지위와 경제력일 것이다. 양쪽이 다 있으면 이상적이겠으나 어느 한쪽을 택하라고 하면 경제력 쪽을 택하는 사람이 많지 않을까 한다. 그처럼 인생에서의 경제력의 비중은 크다고 하겠다.

가난의 괴로움을 나타낸 말 중에 '계자(季子)는 그 형수에게 예를 받지 못하고 매신(買臣)은 그 처로부터 버림을 받았다.(〈고문진보(古文眞寶)*〉)' 라는 말이 있다.

계자란 전국 시대에 일개 설객에서 몸을 일으켜 혀 끝 3 치의

고문진보(古文眞寶) : 전국 시대 말기로부터 송나라에 이르기까지의 시문을 모은 책으로 송나라 말기의 황 견(黃堅)이 엮었다. 전집(前集)은 시(時), 후집(後集)에는 문(文)을 모아 실었다. 20 권으로 되어 있다.

말재간만으로 6 개국의 재상에까지 올라간 소진(蘇秦)을 말한다.

소진은 청년 시절에 변론술을 익혀 여러 나라 유세길에 올랐
다.
그러나 전혀 인정을 받지 못해 빈털터리로 고향으로 돌아오자
그 형수는 그런 소진의 몰골을 보고 "농사일에 부지런하거나 장
사에 힘쓰거나 하면 2 할 정도는 거뜬히 벌 수 있어요. 그것이 마
땅한 생활 방식이라 하지 않겠어요. 그런데 도련님은 유세니 뭐
니 하고 공연히 돌아다니고 있으니 이런 꼴이 되어 돌아오는 것
도 당연하지요." 하며 조소하고 밥상도 차려 주지 않았다.
그런데 후에 소진이 출세하여 금의 환향했을 때, 형수는 엎드
려 기어서 다가와 백배 사죄하며 옛날의 잘못을 빌었다.
"형수님, 이전에는 그다지도 으스댔는데 이제는 이게 웬 일이
십니까?"
"그야 도련님이 출세하여 부자가 되었기 때문입니다."
소진은 부지불식간에 긴 탄식을 하면서 이렇게 말했다.
"아아, 가난하면 육친마저도 모르는 체하고 출세하면 친척까
지도 황송해한다. 이 세상에 태어난 이상에는 지위와 돈도 소홀
히 하지 못하겠구나."
이 말에는 가난하기 때문에 고난을 겪은 사람의 심정이 토로되
어 있다고 생각된다.

가난을 발전의 밑거름으로 삼아라

또 한 사람, 주매신(朱買臣)도 가난한 집에 태어났다. 처와 함께 땔감을 팔아 생계를 이어가면서 독서에 힘썼다. 그런데 그는 땔감을 팔면서 큰 소리로 노래 부르는 버릇이 있었다. 처는 그것이 가난뱅이라는 것을 스스로 알리고 다니는 것처럼 생각되어 몹시 부끄러워 견딜 수가 없었다. 그래서 어느 날, 이혼을 요구했다.

주매신은,

"당신에게 너무나 고생을 시켜 미안하오. 그러나 앞으로 10년만 참아 주시오. 내 반드시 행복하게 해 줄 테니," 라고 달래자 처는 자기도 모르게 화가 치밀어,

"흥, 당신 같은 사람은 언젠가는 한데서 죽기에 꼭 알맞아요." 하고 소리를 지르고 말리는 것도 뿌리치고 주매신 곁을 떠나 버렸다 한다.

수년 후, 서울로 올라간 주매신은 당시의 무제에게 인정을 받아 중대부라는 벼슬에 올라 나중에는 회계군의 태수로 임명되어 금의 환향하게 되었다. 지난날의 처는 이미 재혼을 한 후였으나 주매신은 그 남편과 함께 관사로 초청하여 이전의 노고에 보답했다.

한 달 후에 처는 자결했다고 한다. 이 이야기는 〈한서(漢書)〉 주매신전에 실려 있으므로 아마 실화일 것이다. 처는 자기의 잘못을 부끄럽게 여겼는지 모른다.

소진은 형수의 냉대 속에서도 분발했고 주매신은 가난한 생활

속에서도 면학심을 잃지 않았다. 그것이 가난에서 탈출할 수 있었던 이유이다. 그들만이 아니라 가난을 발전의 밑거름으로 삼은 자는 매우 많다. 그것은 그것대로 훌륭한 인생이라 하겠다. 그러나 또 가난에는 그것과 다른 생활 방식이 있다는 것을 공자의 다음 이야기를 통해 알 수 있으며 거기에서 교훈을 얻을 수 있다.

어느 날, 제자인 자공이 "가난해도 비굴해지지 않고 부유해도 교만하지 않는 그런 사람을 훌륭하다고 생각하고 있습니다만 어떻게 생각하십니까?" 라고 물었을 때, 공자는 이렇게 대답했다.

"아, 그야 훌륭하다고 하겠지. 허나, 가난해도 인생을 즐기고, 부유해도 예를 지키는 그런 사람에게는 못 미친다."

'가난해도 즐긴다.' 는 것은 확실히 이상적인 가난 대책법이라 하겠다. 그러나 이것은 매우 어렵다. 공자가 '가난하면 원한이 없기는 어렵다.' (《논어》헌문편(憲問編))라고 말했듯이 가난이 오래 계속되면 세상을 원망하고 남을 질투하기 쉬운 것이 사람이다. 그러나 이것은 현명한 처세가 아니라 하겠다. 가난에 지지 말고 똑바른 자세로 사는 마음가짐이 필요하다.

남의 위에 서려면
고생 중의 고생을 겪어야 한다

不受苦中苦, 難爲人上人 〈속담〉

고생 끝에 등용된 백리계

"하늘이 진실로 대임(大任)을 이 사람에게 내리려고 하면, 필히 먼저 그 마음을 괴롭게 하며, 그 근골(몸)을 피로하게 하며, 그 체구를 말리며, 그 몸을 텅 비게 하여 행하는 일이 그 때문이라고 하는 데에 불란(拂亂)시킨다. 〈고자하편(告子下篇)〉"

맹자는 자신의 이상(理想)인 '인의(仁義)에 의한 정치'를 이 세상에 실현시키기 위해 보상 없는 유세에 일생을 보낸 인물이다. 그래서 마음속에 이러한 감회를 몰래 삭히고 있었는지 모른다. 확실히 장래에 큰 일을 이루기 위해서는 '고중의 고(苦中之苦)'를 체험해야 한다고 하겠으나 또 '고중의 고'를 체험한 자가 반드시 큰 일을 이룩한다고는 할 수 없는 것도 사실이어서 큰 일을 이루려면 그 밖에 플러스 알파가 요구될 것이다. 옛날의 중국인은 그것을 '명(命)'이라고 불렀다. 알기 쉽게 말하면 운(運), 불운

(不運)인 것이다.

그러나 이 말의 효용은 '고중의 고'를 겪고 있는 자에게는 언젠가는 그 보답이 있을 것이라고 믿게 하는 점이 있는지도 모르겠다. 어쨌든 이 말은 고생을 탈출하기 위한 정신적 용수철의 역할을 단단히 해 왔다.

그렇게 생각하고 바라보면 일단 '인물'이라고 불리울 만한 사람은 누구나 젊은 때 고생을 참아온 듯이 생각된다. 맹자는 그 실례로서 진(秦)나라 목공(穆公)을 섬긴 백리계(百里係)라는 사람을 들고 있다.

백리계가 목공의 신임을 얻어 진나라의 재상에 등용되었던 때가 70세였다. 그러나 그 때까지의 그의 경력은 그야말로 기구했다. 빈한한 집안 출신이었던 그는 벼슬길을 찾아 제나라에 갔으나 도저히 역경에서 헤어나지 못해 몇 년이나 소몰이의 조수를 하며 생활해야 했다.

제나라를 단념하고 우(虞)라는 작은 나라로 옮겨 간 백리계는 그곳에서 재능을 인정받아 대부(大夫)로 등용되었다. 대부라는 벼슬은 지금 회사에서 말하자면 중역의 자리이다. 오랜 동안 불우한 세월을 보낸 그에게도 간신히 봄이 찾아왔다고 생각하였으나 소국의 운명처럼 불안한 것은 없다. 그로부터 몇 년도 되지 않아 우는 진(晋)에게 망하고 백리계는 애써 얻은 지위를 잃었을 뿐 아니라 진나라에 사로잡히는 몸이 되었다. 우연히 진(晋)나라의 왕은 딸을 진(秦)나라의 목공에게 시집보내게 되었다. 그래서 포로가 된 백리계도 목공의 하인으로 진(秦)나라에 보내졌다. 백리계에게는 참을 수 없는 굴욕이었다. 그는 호송 도중, 도망쳐 초나라로 달아났다. 그러나 이번에는 그곳 마을 사람들에게 잡혀 또 다시 양치기로 전락하는 신세가 되었다.

그런데 진(秦)나라의 목공은 진(晉)나라에서 보내 온 명부에 백리계라는 이름은 있었으나 본인이 없어졌다는 보고를 받았다. 들으니 우리나라에서 벼슬을 한 현인이라 했다. 목공은 원래 인재 등용에 열의가 있는 군주였다. 당장 초나라에 심부름꾼을 보내 백리계를 사 와서 정치에 대해 이야기를 나누어 보니 역시 보통내기가 아니었다. 곧 백리계를 상대부(上大夫)로 임명하여 국정을 맡겼다. 나중에 목공은 백리계의 활약으로 패자로서 여러 외국에 위세를 떨치게 되었다.

큰 인물은 역경에 몰려 있어도 이성을 잃지 않는다

〈한비자〉에 '긴 소매를 입은 사람은 춤을 잘 추고, 돈이 많은 사람은 무엇이나 잘 산다.'라는 말이 있다. 권문 세가에 태어나 재력이 넉넉하면 무슨 일을 하거나 잘 된다는 뜻인데 확실히 그 말대로이다. 반대로 사회적 배경이 없는 가난한 집에 태어나면 세상에 나와 행세하기란 보통 어려운 일이 아니다. 그것을 돌파하고 출세를 하려면 강인한 정신력이 필요하다. 고생에 짓눌렸을 때에는 '지금이 바로 시련의 시기이다'라고 자신에게 타일러 힘을 내는 것밖에 없다.

'고중의 고'를 겪은 자가 모두 남의 위에 선다고는 할 수 없으나 거기에 어떻게 대처할 것인가에서 인간의 진가가 나타난다고 하겠다.

　지금까지 공자의 말을 자주 인용해 왔으나 공자 자신도 이 세상에 이상적인 정치를 실현하기 위해 악전 고투의 생애를 보낸 인물이었다. 어느 해, 제자들을 거느리고 유세 중에 식량이 바닥이 나서 쓰러지는 자가 속출했다. 자로(子路)라는 고제자가,

　"군자도 궁핍할 때가 있습니까?"

하고 대들었다. 그러자 공자는 이렇게 대답했다.

　"물론, 군자도 궁핍할 때가 있다. 그러나 궁핍하다 하여 이성을 잃는 자는 소인들뿐이다."

　인생에 고생이란 것이 따라다니게 마련이라면 '고중의 고'에 직면해도 이성을 잃는 일이 아예 없도록 그것만은 명심해야 할 것이다.

한번 실패하면
그 만큼 영리해진다

吃一塹, 長一智〈속담〉

실패에 좌절하지 말고 거름으로 삼아 성장하라

인생에는 실패가 따라다니는 것이다. 그러나 어리석은 자들은 실패를 두려워하여 아무것도 하지 못한다. 특히 젊은 사람은 실패한다 해도 다시 시작할 수가 있다. 그러므로 적극적으로 인생에 도전하기 바란다. 그런데 문제는 실패한 후이다. 한 번이나 두 번의 실패로 의기 소침해 버린다면 아무것도 안 된다. 그렇다면 애당초 평온 무사를 꾀하는 것이 좋지 않겠는가. 실패를 해도 그 실패에서 무엇인가 배우는 자세가 바람직하다. '패군지장(敗軍之將)은 용기를 이야기하지 않는다.〈사기〉'라는 말이 있다. 과연 확실히 그것은 깨끗한 태도라고 하겠다. 왜냐하면 패군의 장이야말로 '용〈勇(兵)〉'을 분명히 해 두면 훗날의 교훈으로 삼을 수 있기 때문이다. 큰일을 이룬 인물 중에는 실패에서 배우고 실패를 밑거름으로 하여 성장한 자가 많다. 예를 들면 위(魏)나라의 조조이다. 또한 손오(孫吳=손자 · 오자)도 손꼽히는 용병의 천재이지만 그들도 가끔 뼈저린 패배를 맛보고 있다. 그러나 그들의 훌륭한 점은 그 패전의 체험을 교훈삼아 두 번 다시 같은 방법으로 패전하지 않았던 점이다. 실패를 계기로 분발하여 일어선 인물도 많다. 예를 들면 소진이 있다. 유세에 실패하고 영락한 몰골로 고향에 돌아온 그를 기다리고 있었던 것은 친형제들의 차가운 시선이었다. 끝내는 형수로부터도 괄시를 당하는 꼴이 되었다. 그때 소진은 어떻게 하였는가. 보통 사람들이라면 좌절해 버렸을 것이다. 그러나 그는 반대로 '어디 두고 봐라.' 하며 분발했다. 〈전국책〉에 의하면 그 때부터 밤에는 수십 권의 책을 쌓아 놓고 공부에 힘썼다고 한다. 더욱이 태공망(太公望)의 병법을 알고부터는 곁눈질도 하지 않고 그것을 외우고 요약해서 유세술(遊說術)을 반복해서 연구했다. 책을 읽다 졸리면 송곳으로 넓적다리를 찔러 졸음을 쫓고 흐르는 피도 닦지 않았다. 이렇게 1년이 지나자 드디어 연구가 이루어져 '서마(瑞摩)'의 술을 습득하기에 이르렀다. '서마'란 상대의 마음을 헤아리는 일종의 독심술과 같은 것이었다. 그가 유세가의 거물로 이름을 떨쳤던 것은 이와 같은 고생과 노력의 산물이었다. 실패가 훗날의 소진을 그렇게 만들어 낸 것이라고 하겠다.

남의 실패를 보고 많이 배워라

실패에서 배우는 것은 자기 실패에서 배우기만 하는 것이 아니다. 남의 실패에서 배우는 자세도 필요하다. 의식적으로 이를 유념한 사람이 당나라의 태종이었다. 〈정관정요(貞觀政要)*〉에서 두 가지만 그가 한 말을 인용해 보겠다.

어느 날, 재상인 방현령(房玄齡)이,
"지난 번 병기고를 점검하였던 바, 수(修)나라 때와 비해 각별히 부족합니다. 곧 보충을 지시해 주십시오." 하고 아뢰자 태종은 이렇게 대답했다.

"병기고를 채워 외적에 대비하는 일은 확실히 지체해서는 안 될 일이다. 그러나 당장 그대들에게 바라는 것은 병기고를 채우는 일보다도 정치에 정력을 쏟아 백성의 생활 향상에 뜻을 지켜 주는 일이다. 그것이 무엇보다도 나의 가장 중요한 무기이다. 수나라 양제가 멸망한 것은 무기가 부족하였던 때문이 아니었다. 자신이 인의를 버려 백성의 원성을 샀기 때문이다. 우리는 수양제와 같은 실패를 두 번 다시 되풀이해서는 안 된다." 또 어느날, 측근인 자에게 이렇게 말했다.

"불로장수술을 쓰는 신선이라는 것들은 원래가 엉터리이며 이 세상에 실재한 것이 아니다. 진시황은 천자의 위에 있으면서 신

정관정요(貞觀政要) : 당나라의 태종이 근신(近臣)들과 정관 시대에 행한 정치상의 즉실에 관하여 문답한 말을 모아 놓은 책.
방현령(房玄齡) : 중국 당나라의 정치가. 산동성(山東省) 사람. 이세민(李世民)을 도와, 수나라 말기의 대란(大亂)을 평정하였다. 세민이 즉위하자 문하성사(門下省事)가 되어 율령 국가(律令國家)를 이룸.

선이라는 것에 정신이 흘려 결국 법사들의 먹이가 되어 버렸다. 또 한 사람, 한나라 무제도 신선에 열중하여 자기 딸을 법사에게 시집 보냈으나 나중에 법사의 도술이란 아무런 효험이 없다는 것을 알고 그 법사를 주살해 버렸다. 이 두 사람의 일에서 밝혀진 바와 같이 이 세상에 신선이라는 것은 실재하지 않는다. 두 사람과 같은 과오를 되풀이해서는 안 되겠다.”

이와 같이 당나라 태종은 선인들의 실패를 '반면교사(反面敎師)'로 하여 정치에 임했다. 역사에 드물게 보이는 훌륭한 정치가 그의 치세 중에 시행되었다고 일컬어지는 것도 이런 엄격한 정치 자세가 있었기 때문이다.

“한번 실패하면 그 만큼 영리해진다.”

이렇게 되려면 그 전제로서 실패를 통해 배우려는 자세가 있어야 한다. 중요한 것은 자타의 실패를 '반면교사'로 삼는 평소의 마음가짐이다.

재기를 시도하여
원기를 회복하라

捲土重來 〈성어〉

재기를 포기했을 때야말로 패배가 결정된다

'권토중래(捲土重來)'를 직역하면 흙먼지를 일으키며 덮쳐 온
다.'는 뜻이지만 거기서 바뀌어 한 번 실패한 자가 재기를 위하
여 원기를 회복하는 경우에 쓰인다. 이 말은 현대 중국에서도 성
어로서 통용되고 있으나 당나라 때의 두목(杜牧)이라는 시인의
다음과 같은 시에서 출전되었다고 한다.

> 승패는 병가(兵家)도 기약하지 못하니
> 부끄러움을 감추고 수치를 참는 것 또한 남아이라.
> 강동의 자제, 재주가 많다 하나
> 권토중래 아직도 알지 못하는구나.

'오강정(烏江亭)에 붙이다.'라는 유명한 시이지만 여기서 읊은
주인공은 항우라는 영웅이다. 항우는 진(秦)나라 말에 큰 난을

맞이하여 강동의 자제 8천 명을 거느리고 진나라 타도의 군사를 일으켜 성공적으로 목적을 달성하고 한때는 천하를 수중에 넣는가 했다. 그러나 종전 처리를 잘못하여 한(漢)나라 왕인 유방(劉邦)의 도전을 받아 천하를 가늠하는 사투를 벌였으나 차차 몰리게 되어 패잔의 군사를 수습하여 오강(烏江)으로 달아났다. 오강은 장강(長江=지금의 양자강)의 북쪽 해안에 있었던 거리의 이름이다.

이 때, 오강의 수장은 항우에게 이렇게 말했다.

"강동땅은 그다지 넓지는 않지만 그래도 사방이 천 리에다 인구가 수십만입니다. 그 곳에서 다시 재기할 수도 있을 것입니다. 자아, 빨리 강을 건너 가십시오. 배는 이것 한 척뿐입니다. 한나라 군사가 추격해 와도 배가 없어 건너지 못할 것입니다."

"아니다. 그만두겠다. 하늘은 이미 나를 버렸다. 강을 건너간다고 해도 무슨 수가 있겠는가. 더욱이 강동땅은 그 땅의 자제 8천 명으로 군사를 일으킨 곳이다. 그런데 지금은 살아남은 자가 단 하나도 없다. 가령 그 자제의 가족이 나를 애처롭게 여겨 왕으로 맞이해 준다 해도 내 어찌 무슨 면목으로 돌아가겠는가."

라고 고사하고 추격군인 한군과 최후의 혈전을 벌인 끝에 스스로 자기의 목에 칼을 찔렀다고 한다. 그때, 그는 31세의 젊은 나이였다. 영웅은 영웅이나 비극의 영웅이라 하겠다. 두목의 시는 이 영웅의 죽음을 슬퍼했던 것이다. 부끄러움을 무릅쓰고 강동으로 돌아갔다면 그곳에는 아직도 우수한 인재가 풍부했을 것이므로 대세를 만회할 기회가 있었을지도 모르지 않는가 하는 것이었다. 시인의 심정은 어디까지나 항우에게 동정적이었으나 여기에 다른 견해도 있다. 예를 들어, 송나라 때의 왕안석(王安石)이라는 정치가는 이런 시를 써서 항우를 냉정하게 비판하고 있다.

> 백전(百戰)에 피로하여 장사는 가엾다.
> 중원(中原)에서 일패(一敗)하여 기세를 회복하기 어렵다.
> 강동(江東)의 자제, 지금 있다 해도
> 굳이 군주를 위해 재기코저 달려 오지 않으리.

　과연 강동에는 아직 인재가 남아 있었을지도 모른다. 그러나 이미 항우의 권토중래 즉 재기에 힘을 빌려 주지는 않을 것이라는 말이다. 그런데 항우는 강동 사람들로부터 외면당했다고 생각하여 재기를 단념했으나 거기에는 그만한 이유가 있었다. 그는 자신의 군사적 재능에 자신만만했다. 따라서 부하를 믿지 못했다. 믿지 못했기 때문에 부하도 육성되지 않았다. 이미 모인 인재도 떠나가 버렸다. 요컨대 항우는 조직의 우두머리로서 중요한 결격 사항을 가지고 있었던 것이다. 그래도 기세를 타고 있을 때는 좋았다. 곤란한 것은 기세가 갔을 때이다. 이렇게 되면 버티기가 어렵고 재기의 가망도 없어진다. 항우가 스스로 권토중래를 단념한 것도 어떤 뜻에서는 너무나 당연했다고 할 것이다.

한번 믿으면 끝까지 믿어라

이 점에서 항우와 대조적이었던 것은 〈삼국지〉의 주인공인 유비(劉備)였다. 그는 만년에 촉(蜀-사천성)에 일대 세력을 구축하고 위의 조조, 오(吳)의 손권(孫權)과 대항하게 되지만 앞의 반생은 그다지 운이 따르지 않았다. 싸워도 지기만 하고 고생 끝에 겨우 지방 장관 정도의 자리를 손에 넣어도 곧 빼앗겨 버리는 불운이 계속하여 도저히 역경에서 헤어날 수 없었다. 이렇게 짓궂은 세월이 흘러 이제 곧 50고개가 다가와도 여전히 더부살이 신세를 면치 못하자 자신의 무능을 한탄하기에 이르렀다. 그런 유비가 거뜬히 재기에 성공하여 촉땅에 독립 세력을 구축하게 된 이유는 무엇이었던가. 가장 큰 이유는 제갈공명이라는 지혜 덩어리를 군사(軍師)로 맞이한 것이다. 당시 공명은 27세의 청년에 지나지 않았다. 그의 재능은 동료 사이에서는 인정을 받고 있었으나 지명도는 결코 높지 않았다. 그런 상대를 유비는 몸소 '삼고(三顧)의 예(禮)'로써 맞이하였던 것이다. 누구나 할 수 있는 일은 아니다. 더욱이 유비의 훌륭한 점은 한 번 믿으면 그 상대를 끝까지 신뢰한 데에 있다. 그렇게 되면 상대도 사력을 다하여 신뢰에 보답하려고 한다. 유비는 한 번 공명과 이야기를 나눈 것만으로 그의 비범한 재능을 간파하고 그 후로는 모든 것을 공명의 지시에 따랐다. 공명으로서도 그 기대에 보답하지 않을 수 없었다. 그의 두뇌에서 생겨난 정확한 전략 방침이 나중에 유비에게 커다란 성공을 가져왔던 것이다. 항우는 재기에 실패하고 유비는 성공했다. 이 두 사람의 차이는 결국은 사람을 쓰는 데 있어서의 차이였다 해도 과언이 아니다.

상황이 나쁠 때는
다음에 비약할 준비를 하라

三年不蜚不鳴 〈사기〉

곤란한 처지에 이르러도 판단력을 잃지 말라

〈사기〉에 이런 이야기가 실려 있다.

지금부터 약 2천6백 년 전, 춘추시대의 중국에 초(楚)라는 나라가 있었다. 당시 몇십이나 되는 나라 중에서 다섯 손가락에 꼽힐만한 강국이었는데 이 나라에 새로이 왕위에 오른 장왕(莊王)은 무슨 까닭인지 3년이나 정치는 내팽개치고 놀기만 했다. 더욱이 온 나라 안에 포고까지 내어,

"간하는 자는 사형에 처한다."

하며 철저하게 놀았다. 그러나 어느 세상에나 임금에게 간하는 신하는 있는 법이다. 먼저 오거(伍擧)라는 중신이 만나겠다고 나섰다. 장왕은 왼팔에는 북방 미인, 오른팔에는 남방 미녀를 끌어안고 많은 아부꾼들에게 둘러싸여 오거를 접견했다. 오거는 앞으로 나아가 말했다.

"황공하오나 수수께끼를 하나 내겠습니다."

"어디 해 보시오."

"언덕 위에 새가 있습니다. 3 년 동안 울지도 않고 날지도 않습니다. 이것은 어떤 새이겠습니까?"

"3 년 동안 울지 않아도 한번 울었다 하면 세상을 깜짝 놀라게 하겠지. 3 년을 날지 않아도 한번 날았다 하면 하늘 끝까지 날아오를 것이오, 그대가 하고자 하는 말을 다 알고 있으니 이제 물러 가시오."

그로부터 수개월이나 장왕의 놀이판은 여전히 그칠 기미가 없었다. 아니 더욱 거창하게 벌어지기만 했다. 이번에는 소종(蘇從)이라는 중신이 나섰다.

"간하는 자는 사형에 처한다고 포고했는데 알고 있는가?"

"네, 전하의 미혹을 깨게 할 수 있다면 이 몸이 죽어도 원이 없습니다."

이 때를 마지막으로 장왕은 놀이판을 걷어치우고 정치에 몰두했다. 그 때에 수백 명의 아부꾼들을 일거에 처치하고 오거와 소종 두 사람을 중용했다고 한다. 그 이래로 초나라는 눈에 띄게 강해져 수년 후에는 패자로서 천하의 제후를 호령하게 되었다. 이것이 '울지 않고 날지 않고' 라는 말의 출전이다. 달리 표현하면 '3 년 날지 않고 울지 않고' 가 된다.

그런데 장왕은 3 년 동안 어째서 '울지 않고 날지 않고' 있었는가. 실은 매일같이 놀이판을 벌여 떠들어대면서도 가만히 신하를 관찰하여 쓸 자와 못쓸 자를 선별하면서 장래의 비약에 대비하고 있었던 것이다. 그래서 '울지 않고 날지 않고' 라는 말에는 원래 장래의 비약에 대비한다는 뜻이 들어 있다고 하겠다.

울지 않고 날지 않을지라도 장래를 향한 포석을

〈사기〉에는 또 한 사람의 '울지 않고 날지 않고'의 왕이 등장한다. 전국 시대의 명군의 한 사람으로 손꼽히는 제나라의 위왕(威王)이다. 이 왕의 경우는 초나라의 장왕보다 더 극단적이었다. 3년이 아닌 즉위하고 9년 동안이나 국정은 중신들에게 맡기고 연일연야 연회로 나날을 보냈다. 그러다 보니 제나라의 정치는 문란할 대로 문란하여 해마다 여러 나라의 침공을 받았다. 그러나 위왕은 범군이 아니었다. 즉위한 지 9년째를 맞이하는 어느 날, 갑자기 중신 회의를 소집하여 나라 안의 모든 지방 수령을 한자리에 모았다. 그 자리에서 위왕은 즉묵(卽墨)이라는 지방의 태수를 가까이 불러,

"네가 즉묵에 부임하고부터 너를 비난하는 원성이 매일처럼 내 귀에 들어왔다. 그러나 사람을 보내 시찰한 바, 논과 밭은 잘 개척되고 물자의 유통도 치안 상태도 아주 좋았다. 그런데도 비난의 소리만 들려온 것은 내 측근에 뇌물을 보내 굳이 비난의 소리를 없애려고 하지 않았기 때문이 아닌가."

라고 말하고 1만 석의 제후로 봉했다. 다음에 위왕은 아(阿)의 태수를 불러,

"네가 아로 부임한 이래, 너를 칭송하는 소리만 들려 왔다. 그러나 사람을 보내 시찰을 시켰더니 논과 밭은 황폐하고 백성들

은 굶주림에 시달리고 치안 상태도 매우 나빴다. 그것은 내 측근에게 뇌물을 보내 호평만을 사려고 했기 때문이다."

하고 아의 태수를 주살했을 뿐 아니라 뇌물을 받고 있던 측근의 무리도 남김없이 처형했다. 이를 계기로 제나라의 국정은 일신되고 여러 외국의 멸시도 받지 않게 되었다 한다.

초나라 장왕이나 제나라 위왕이나 '울지 않고 날지 않고'의 기간에 착실히 장래를 위한 포석을 치고 있었던 것이다. 이런 마음가짐만 있으면 역경을 극복하는 것도 불가능한 일이 아니다.

78

하고자 하는 마음만 있으면 천하에 실현 불가능한 일은 없다

天下無難事, 只怕有心人〈속담〉

겉보기만의 노력은 오래 가지 못한다

'뜻이 있는 곳에 길이 있다. (Where there is a will, there is a way.)'의 중국판이라 하겠다. 확실히 일을 성사시키는 데는 의지의 힘이 필요하며 끊임없이 기력을 충실하게 하여 대상에 부딪쳐 나아가는 자세가 필요하다. 한나라 시대에 이광(李廣)이라는 장군이 있었다. 활의 명수로 흉노 토벌에서 이름을 떨쳤으므로 흉노는 '한의 비장군'이라 하여 무서워했다. 그러나 그 이광이 어느 날, 망중한을 얻어 사냥에 나간 일이 있었다. 가만히 보니 풀숲에 호랑이인 듯한 것이 웅크리고 있었다. 그는 활을 겨누고 시위를 당겨 명중시켰다. 옳지 하고 달려가 보았더니 그건 호랑이가 아니고 바위에 화살이 박혀 있었다. 그래서 다시 살을 메어 쏘아 보았으나 몇 번이나 쏘아도 화살은 바위에 박히지 않았다. 이광과 같은 명궁도 기력을 꽉 채웠을 때와 그렇지 않았을 때는 이러한 차이가 났던 것이다. 그것은 일반적인 비즈니스에서도 똑같을 것이다. 중국인도 한동안은 상당히 정신주의에 기울던 시기가 있었다. 생산 향상이나 사기 앙양, 끝내는 침마취의 유례까지도 모택동 사상과 결부되어 '고족간경(鼓足干勁)' '역쟁상유(力爭上游)'라는 표어가 범람했다. 어느 것이나 '힘껏 노력하자.'라는 의미였다. 지금도 중국에 가 보면 이런 종류의 표어가 거리의 담이나 공장의 벽 등에 많이 보인다. 그러나 자세히 보면 새로 쓰여진 것은 드물다. 지금은 중국에도 이러한 정신주의와 같은 표어는 내걸지 않게 된 것이다. 이것은 당연하다. 원래 중국인은 노력하기를 싫어한다. 정확하게 말하면, 남이 보아서 노력하는 것처럼 보이지 않는 것이 일반적이나 일본인은 '노력한다, 힘낸다.'하면서 머리띠를 두르고 이를 악무는 모습을 한다. 그러나 중국인은 이런 것이 없다. 그들은 '노력한다. 힘낸다.'해도 담담한 얼굴로 힘을 낼 것이다. 주위에서 보면 노력을 하고 있는지 하고자 하는 의욕이 있는지 전혀 모르게 힘을 낸다. 이것이 대륙과 섬나라의 차이일 것이다. 즉 이해 득실을 계산하여 미리 들여다보고 일을 하기 때문일 것이다.

정확한 계산은 지속성이 중요

불과 2, 3인의 힘으로 집 앞에 솟아 있는 산을 헐기 시작한 우공(愚公)이 그 전형적인 인물이라 하겠다. 불도저 따위는 없었던 시대였으므로 영리한 자인 지수(智叟)에게 웃음거리가 된 것도 당연하다. 그러나 우공은 우공 나름대로 언젠가는 반드시 성취될 것이라는 그 나름대로의 계산이 서 있었다. 그러므로 천제도 두손 들고 말았다. 또 하나 덧붙일 것은 중국인의 노력은 '불난 곳의 바보의 힘'과 같은 일시적인 노력이 아니고 지속성을 가진 노력을 중히 여긴다. 그것은 우공의 일화에서도 알려진 것이다. 하고자 하는 의욕을 가지고 노력하는 것은 매우 바람직하다. 그리고 거기에도 정확한 계산과 지속성을 가지게 하고 싶다.

79

성공과 실패는 사람의 힘으로 가늠하기 어렵다

謀事在人, 成事在天 〈속담〉

아무리 노력해도 때가 되지 않으면 성취되지 않는다

어떤 일을 한 가지 성취시키는 데는 지속성이 있는 노력이 필요하다. 〈중용(中庸)〉이라는 책에도,

> "남이 한 번에 할 수 있는 일을 백 번이나 시도한다. 남이 열 번에 할 수 있는 일을 천 번이나 시도한다. 그렇게 하면 어떤 어리석은 자라도 대사업을 성취할 수 있다."

라고 나와 있다. 이런 것들도 지속성이 있는 노력을 지적한 말이다. 확실히 무슨 일을 성취하려고 하면 끊임없는 노력이 요구된다. 그러면 노력만 하면 일이 성취되는가 하면 반드시 그런 것은 아니다. 아무리 노력해도 실패로 끝나는 일도 있으며 반대로 그다지 노력하지 않고도 척척 때가 맞아 들어갈 경우도 있다. 그저

노력하는 자에게 성공의 확률이 높다고밖에 할 말이 없다. 바꾸어 말하면, 노력이라는 것은 성공을 위한 필요 조건이기는 하나 충분조건은 아니라는 말이다. 노력이 그대로 산술적인 결과로 되돌아온다면 일은 간단하겠지만 인생은 그처럼 단순하지가 않다. 그러기에 살 가치가 있다고 말할 수 있겠으나 어쨌든 인생에는 자기의 생각대로 되지 않는 것이 많다는 것을 명심해 두는 편이 정신 위생에도 좋고 실패했을 경우에도 실망이 적다. 진(晋)나라 때의 명장에 양고(羊枯)라는 사람이 있었다. 형주(荊州)군 총사령관·정남대장군(征南 大將君)으로서 오(吳)나라의 움직임에 대비하고 있었는데 그 동안 오랜 시간에 걸쳐 토벌 작전을 익혀 만반의 준비를 갖추었다. 그런데 그 뜻을 진나라 조정에 상주하였더니 '지금은 출격하지 말라.' 라는 대답이었다. 실은 당시의 진은 서방의 이민족의 반란에 시달리고 있어서 남쪽에 군사를 동원할 여유가 없었다. 양고의 상주는 때가 나빴던 것이다. 그러나 이유야 어떻든 간에 이것으로 양고의 오랜 노력은 그가 살아 있는 동안에 결실을 맺지 못하고 끝나 버렸다. 조정의 저지 명령을 받았을 때 양고는 이렇게 탄식했다 한다.

"천하에 뜻대로 되지 않는 것, 항상 10에 7, 8이다."

소원 성취는 10 중 2, 3이라고 줄여서 잡아라

사람의 일이란 7, 8할까지가 뜻대로 되지 않는다.─양고의 탄식은 그대로 우리들의 고민이기도 하다. 특히 조직 속에서 사는 사람에게 있어서 이 탄식은 한층 심각하다고 하겠다. 사람은 무엇 때문에 노력하는가 하면 조직으로부터 강요를 받거나 주위의 외압적인 요소 때문인 것도 있지만 그것보다는 본인 자신에게 '노력하면 남보다 앞서 가고 보답이 온다.'는 기대감이 있기 때문이다. 그러한 내발적 동기가 없다면 애써 한 노력도 오래 계속되지 못하고 향불처럼 타들어가서 꺼지고 만다. 그러면 양고처럼 끊임없이 노력해도 보답이 없다는 것을 알았을 때, 사람은 그것을 어떻게 받아들일 것인가. 그 점에서 중국인은 인생의 베테랑이라고 해도 좋다.

'일을 꾀하는 것은 사람에게 있고, 일을 성취하는 것은 하늘에 있다.'라는 속담은 중국인의 그런 심리 구조를 이야기한 것이다.

즐기면서 장수하라

長生久視 〈성어〉

현대 중국에도 현존하고 있는 선도 건강법(仙道健康法)

오래 살고 싶다는 소망도 노후의 환경 조건이 갖추어지지 않으면 매력을 잃고 만다. 따라서 단지 시간적으로 오래 산다는 것뿐만이 아니고 역시 그 속에 보람이 있고 즐거움이 있어야 한다는 것이 아니면 그다지 의미가 없다고 하겠다. 노후의 사는 보람과 즐거움에 대해 정치에 기대하는 바도 적지 않지만 역시 사람 개개인의 마음가짐에 의한 부분도 크다. 중국인은 그것을 잘 알고 있다는 것을 느꼈다. '장생구시(長生久視)'라는 말은 원래 〈노자〉라는 책에 나오는 것이지만 후에 도가(道家)나 선도(仙道)를 신봉하는 사람들은 이것을 '불로장수'와 동의어로 해석하고 그 것을 실현하기 위해 여러 가지 방법을 고안해 냈다. 그들이 시도한 불로장수법을 요약하면 첫째, 보정(寶精-방중술(房中術)) 둘째, 행기(行氣-일종의 심호흡 운동) 셋째, 복약의 세 기둥으로 이루어져 있었다고 하나 특히 중요시된 것은 약, 다시 말해서 단약(丹藥)의 제조, 복용인 듯하다. 진시황이 방사(方士=도술사)인 서시(徐市) 등을 봉래섬(蓬萊島)에 파견하여 불로장수하는 약을 찾게 한 이야기는 너무나 유명하다. 그러나 불로장수를 원했던 것은 진시황 한 사람뿐만이 아니라 중국인 일반에게서도 흔히 볼 수 있는 현상이었다. 그들은 3천 년 전 옛날부터 불로장수의 묘약을 계속 찾아 왔으나 그 시도는 끝내 성공하지 못했다. 그러나 그들이 오랜 실천 경험에 의해 생각해 낸 불로장수법에는 오늘날에 와서 건강법으로 유효한 것이 적지 않다. 오랜 동안에 근거가 없는 것은 도태되고 유효한 것만이 남았는지도 모른다. 가령 눈의 건강법 등도 그 중 하나이다. 어느 소학교를 참관했을 때, 아동들이 일제히 눈 주위를 지압하고 있는 장면을 보고 저것이 무엇이냐고 물었더니 눈 운동이라고 했다. 이 건강법도 분명히 도가의 '선도'에 근거한 것이리라.

'10 노인 장수 노래'에서 배우다

도가인 사람들의 경험은 물론 이런 부분적인 건강법으로서만 아니라 중국인의 건강 인식 전체에 영향을 미치고 있다. 예를 들면, 오늘날에도 유포되고 있는 '10 노인의 장수 노래' 등이 우선 그 전형이라고 하겠다. 그 노래의 내용은 이러하다.

옛날 길가던 한 나그네가 해변에서 10 노인을 만났는데 모두가 나이는 백 살이 넘었는데 원기는 놀랄 만큼 젊었다. 그래서 나그네는 무릎을 꿇고 '장수의 비결을 알려 주세요.' 하였더니,

1의 노인, 수염을 쓰다듬으며 술은 적당히 마시며 대취하지 않는다.
2의 노인, 빙그레 웃으며 식후에는 산책을 빠지지 않고 한다.
3의 노인, 고개를 끄덕이며 식사는 담백하고 싱싱한 것으로 한다.
4의 노인, 지팡이를 짚으며 언제나 걸음걸이는 천천히 하고
5의 노인, 소매를 바로잡으며 옷은 스스로 바느질하고
6의 노인, 손으로 원을 그리며 태극권을 쉬지 않고
7의 노인, 큰 코를 만지며 창문을 활짝 열어 통풍을 하고
8의 노인, 붉은 뺨을 쓰다듬으며 양지쪽에서 햇빛을 쬐어 검게 그을리고
9의 노인, 얌체 수염 꼬면서 일찍 자고 일찍 일어나며 부지런하게
10의 노인, 얼굴은 명랑하게 마음은 느긋하고 편안하게 한다.

10 노인의 말은 한결같이 고귀하고 하나하나에 훌륭한 진리가 가득 담겨 있다. 교훈을 따라 노력하면 장수를 하기에 의심할 여지가 없다. 노년기의 장수법으로서만 아니라 장년기의 건강법으로서도 적합한 부분이 많다. 건강은 모든 것의 기초이다. 특히, 역경의 시대에는 건강 조심에 유의하여 '얼굴은 명랑하고 마음은 느긋하게' 지내도록 하는 것이 좋을 것이다.

세상을 살아가는 중국인의 80가지 지혜

초판 1쇄 발행 ｜ 2006년 12월 10일
개정 1판 1쇄 발행 ｜ 2013년 5월 20일
개정 1판 3쇄 발행 ｜ 2015년 8월 20일
개정 2판 1쇄 발행 ｜ 2021년 3월 15일

지은이 ｜ 모리야 히로시
엮은이 ｜ 조범래
펴낸이 ｜ 이현순
디자인 ｜ 정원미

펴낸곳 ｜ 백만문화사
주소 ｜ 서울시 마포구 독막로 28길 34(신수동)
전화 ｜ 02) 325-5176 **팩스** ｜ 02) 323-7633

신고번호 ｜ 제 2013-000126호
e-mail ｜ bmbooks@naver.com
홈페이지 ｜ http://bm-books.com

Translation Copyright© 2006 by BAEKMAN Publishing Co.
Printed & Manufactured in Seoul, Korea

ISBN 979-11-89272-22-7(03300)
값 15,000원

*잘못된 책은 서점에서 바꾸어 드립니다.